RESPONDING SKILLS

回话的技巧

高山　编著

吉林文史出版社
JILINWENSHICHUBANSHE

图书在版编目（CIP）数据

回话的技巧 / 高山编著 . -- 长春：吉林文史出版社，2019.7（2024.8 重印）

ISBN 978-7-5472-6229-0

Ⅰ . ①回… Ⅱ . ①高… Ⅲ . ①心理交往－语言艺术－通俗读物 Ⅳ . ① C912.11-49

中国版本图书馆 CIP 数据核字（2019）第 101946 号

HUIHUA DE JIQIAO

书　　名　**回话的技巧**

编　　著　高　山
责任编辑　王丽环
封面设计　创巢视觉
出版发行　吉林文史出版社
地　　址　长春市福祉大路出版集团 A 座
邮　　编　130117
印　　刷　三河市华阳宏泰纸制品有限公司
开　　本　880mm × 1230mm　1/32
印　　张　6
字　　数　130 千
版　　次　2019 年 7 月第 1 版
印　　次　2024 年 8 月第 2 次印刷
书　　号　ISBN 978-7-5472-6229-0
定　　价　35.00 元

PREFACE
前 言

每个人在离开学校、踏入社会以后，因为没有了父母和老师的庇护和关照，都要开始独自去面对那一道道难关，走过一条条曲折的路。面对未知的前程，有些人会慌张恐惧，有些人会彷徨环顾。出现这种心理状态，大都是因为初入社会的人不了解等待着他们的究竟是什么。其实，仔细想想不难发现，除了那虚无缥缈的恐惧本身以外，事实上挡在我们面前挑战我们的，并同时赋予我们成功机遇的，无非就是一个个的问题。

面试的时候，应对面试官的问题是否能对答如流、口吐莲花，就决定了你能否得到心仪的职位；职场上面对领导，如果能在他的问题上说中他的心思，道出金玉良言，就会被刮目相看，升职有望；工作中和同事相处，在他们的问题面前你能娓娓而谈，收放自如，自然可以得到更多喜爱和青睐，工作顺风顺水；在日常生活中，和陌生人交往，你的回答如果让人感到惬意舒心、如沐春风，就会让他们更乐意倾听你的生活琐事；在社会上和有身份有地位的名人交往，如果你的回答别具一格、独树一帜，态度稳重平和、不卑不亢，自然会得到赏识，得到扶助……

太多太多可能性，都是从一问一答开始的，这也是沟通的基本模式。试想，当一个人想了解你时，是看你的毕业证书，还是看你的言谈举止呢，恐怕后者至少占十分中的七分。也就是说，你成功的决定性因素，就来自于你的言谈举止之中。而且，这还只是第一步，当你取得了初步的成功，还要迈向更广阔的空间里去的时候，你会发现对沟通交流、对回话艺术的要求也会更高。诸葛亮出身躬耕，起于微末，以著名的舌战群儒传威名于天下；林肯从一个说话都不利索的贫苦农家孩子，苦练口才技艺，到发表葛底斯堡演说流传百世……

本书针对现实生活中各类对话场合、情境与语境，同时结合大量丰富的实际案例，对沟通的艺术、回话的技巧进行层层剖析和解读，包括语言修辞、口才训练、回话准备、聆听技巧、提问人心理、问题的特殊性、回话角度、回话策略与手段等环节。较侧重于实际的演练，但又不限于，还根据思维决定语言的客观规律，拓展了心理和认知层面的阐释，力求从一定的高度来总体考察影响回话质量的各因素，使说话能力得到根本性的提升。

本书集科学性与实用性于一体，用理论指导实践，通过对案例的分析和解释，让案例反过来检验理论的正确性。在叙述角度上本书分为四个层次，基本层即对回话技术本身的分析，这个层面关注语言本身的表达与修辞的运用，以及自身心理素质的塑造等；第二个层面是对问题本身做出的考察和研究，包括问题出现的场合、语境，问题的特殊性等；第三个层面是关于和语言密切相关的外部因素，包括问题提出者的性格、观念以及心理对回话提出的要求；而第四个层面即对思维运用这个总领全局的影响因素进行的分析和阐述。

本书的节奏总体上可以分为快—慢—快三个阶段。第一章从快入手，直接切入关于修辞技巧的实战，小试牛刀；第二章起转入慢节奏，细细梳理回话的相关准备环节，聆听环节及心理疏导环节等预备阶段的应对策略与注意事项；从第五章开始，又进入快节奏实战中，基于前面铺垫的预备内容，共用四个章节的内容从回话手段，回话角度，问题的特殊性以及提问人的特殊性等几个方面参照案例进行具体分析和解读。

本书适合那些即将踏入社会的青年朋友们阅读，在多姿多彩的社会面前，他们因缺少实际经验而很容易迷途或摔跟头。而此书就像是一本应用类的社会学百科全书，包罗了社会百态，人间万象。读此一本书，就像提前经历了一遍沧桑人世的起起伏伏，预览了一下即将去探索的目的地的全景图。而且，相对于传统的口才技巧书籍，本书并没有僵化地仅仅停留在技巧本身上面，而是希望从人生理想、人生价值观的高度，将道德、伦理、社会、家庭等范畴与我们的实际行为统一起来进行辩证的考察。其目的，无非是想给青年朋友们指引一条脱离低级趣味的、更为有层次的攀岩之路。毕竟人生追求的终极价值就是过程本身，而绝非仅仅是结果。

CONTENTS

目　录

RESPONDING SKILLS

第一章

表达带技巧，人人听你话

社会生活的丰富性和复杂性决定了人际沟通在场合、情景以及语境上的多样性，也对初入社会的我们在回答对方问题时、在回话的方式选择与质量把握上、修辞运用和策略考察上都提出了更高的要求。面对这种挑战，我们不应恐惧，也不要慌张，只要勤于使用和磨炼各种回话技巧，假以时日，就像我们日常运用驾驶和烹饪技巧一样，也能驾轻就熟且合理地应对各种问题了。

表达之前先打腹稿，道出之后效果更好

“成功总是留给有准备的人。”取得成功是人生价值的基本体现之一，每个积极向上的人都努力地走在接近成功的路上。但是，往往越渴望的东西，越容易让我们头脑发热，急功近利，欲速而不达，最终功亏一篑。要成功，耐心冷静地做好准备是前提。

打腹稿是指作家在写作过程中的一种习惯，即先在心中酝酿出作品的整体结构和基本内容，再下笔进行具体创作。意大利美学家克罗齐认为，真正的作品都是在头脑中预先完成的，写到纸上只是一种物理过程。这个概念同样可以引申到人际沟通领域上来，在回答对方的问题之前，先在脑子里把语言组织好，然后再说出来，效果会更为理想。

打好腹稿，让表达更有条理

磨刀不误砍柴工，磨刀虽然花费很多工夫，但并不耽误砍柴。比喻做事先充分做好准备，虽然前期会多用掉一些时间，但可以大大提高后期效率，能取得后来居上的成绩。同别人说话时也是这样，尤其是在回答别人问题的时候，这时对方往往是有备而来，提出的问题也会有一定的针对性，而你在回答时，如果不酝酿一下就脱口而出，就有可能文不对题，甚至造成误解。

李慧在某公司做业务代表，平时工作节奏比较快，工作压力也很大。好在李慧性格沉稳，遇事冷静。一次，一位同样在公司里做业

务代表的同事突然在办公室对她发难:“小李,我平时对你也不坏吧,还请你吃过饭,你为什么暗中抢我的客户呢?平时看你老实本分,做事那么有心机啊!”在众目睽睽之下,李慧并没有急于辩解,而是倒了杯水,递到这位同事手里,慢慢说道:“我没有必要抢客户的,第一,现在公司业务良好,大家都有足够的工作去做;第二,客户都是由主管分配的,客户信息不共享,别人也无从抢。我觉得你一定是搞错了,或是听别人说什么了,不妨慢慢说清楚,大家也可以帮着分析,作为今后工作的借鉴。”

在遇到突如其来的问题时,一般都是有内容的,不会只是简单的形式化的问候和客套。在面对这种情况时,李慧没有情绪化地立即反击,而是镇定地先给自己争取一点儿打腹稿的时间,再有条理地把回话说出。既缓和对方的激动情绪,也给自己足够的空间更好地进行语言组织,让回答更具有条理,增强沟通的效果。

在中国的文化语境里,回答问题讲究分寸,切忌冲口而出,随机应变地思考加腹稿是很有必要的。别人对你说了某件事后,如果认可,就回答“不错”;不认可,就回答“这很难说啊”;认为自己能办的,就回答“我可以帮您试试,但不能保证办成”;认为办不好的,就回答“这件事希望不大的”;当然也可以留有余地地回答:“我考虑考虑,再答复您!”或者:“我和经理商量一下,再给您答复!”

在遇到问题时打好腹稿,让回答更有条理和分寸,也可以避免信息回复的遗漏。尤其在强调言外之意,语境内涵比较深厚的地方,回话之前多体味一下对方问题的含义,多拿捏一下自己的回复方式,就显得更有必要了。

打好腹稿，让话语简洁清晰

不打无准备之仗。一般来说，初入职场的人，因为没有经验，在人际交往中普遍缺乏一定的自信，在回话中容易出现吞吞吐吐，语无伦次的现象。或是因为缺少准备，而一时找不到合适的表达，便使用一些虚词来过渡，给人一种僵硬、不自然的感受。

张倩是一位初入职场的新人，做起事情来积极努力，但在说话时却总是答非所问，云山雾罩。这天，经理让她把上周出现的意外事件汇报一下，按说张倩可以停顿几分钟组织一下语言的，可问题是她是个敏感的姑娘，生怕对方等得不耐烦，或是耽误对方时间了，便着急地说道："上周，嗯……那个……就是说……"支支吾吾地带了很多虚词，经理半天也没搞清楚她说的什么，只好让她回去把过程写下来再呈交纸质报告。

话语中带有过多承接的虚词，是一种缺乏沟通自信的直接表现，它往往是因为缺少在头脑中预先编辑语言的习惯所致。人不是语言的机器，再好的演讲者，也要在镜子前自我演练数十遍才可能到台上口若悬河地演讲。当你养成了回话前至少先停顿两秒钟的习惯，就会慢慢学会利用短暂的时间迅速组织话语的能力；甚至在对方说话的过程中，捕捉只言片语、音容笑貌的潜在信息，也可以一边听一边组织自己的语言，让提问和回答之间的间隙更细微，更自然。

打好腹稿，但切忌谨小慎微

回话前打好腹稿，做好准备，并不代表就要如履薄冰，左思右想，即要重视对准备工作的细致程度的把握。如果对想要表达的内容想得过多，考虑过细，不仅不符合现代社会快节奏信息交流的特征，甚至有可能过犹不及，让沟通失败。尤其是在职场上，本来就是事情纷繁复杂、人情纵横交织的地方，如果语言不能及时传达，就很难达成有效交流。

刘洋大学毕业来到一家企业做实习生，工作一直都很积极，严格遵守企业的各项规章制度。但是，就因为他过于谨慎小心的性格，让他在待人接物时总是给人一种慢半拍的感觉。一次，他的主管经理找他谈话，问道："小刘，你是不是有什么心事，大家反映和你说话的时候，好像你不太愿意回话；但看你的样子，又不像很有城府的那种。"刘洋听了，涨红了脸，半天才说道："我其实不是不想和大家交流，只是我知道在工作中说话方式很重要，就太想把回答说完美了，在脑子里总会思来想去几回……"

总之，在回答别人问题之前，先充分打好腹稿，组织好自己的语言，可以让话语显得更有逻辑性，更有条理，也更为简洁清晰，达到更为有效的沟通目的。在刚开始练习的时候，可能会出现一些停顿，会慢一些。但经过一段时间的磨炼以后，会逐渐变得顺畅自然。但是，切忌过于瞻前顾后，谨小慎微，让打腹稿变成写长篇小说，就过犹不及了。

简短有力、言简意赅，说者轻松听者惬意

"至言不繁。"北宋文学家苏轼文风纵横恣肆、豪情广袤，是豪放派的代表人物。他认为正确的道理、精辟的言辞都是简洁短小的，不

需要繁琐的表述。强调了语言要精简扼要，反对长篇累牍地赘言，表达了对大段式文字垃圾的拒绝态度。

在快节奏的都市环境下，大家忙碌于各自的工作、生活和学习，时间被压缩得非常有限，谁都没有闲心思听别人长篇累牍地表达想法或意见。说话简洁有力，尽量用简单的话语传达明确的思想内容，不仅可以节省大家宝贵的时间，还可以让信息传达的重点更为突出，印象更为强烈，使沟通效果更为显著。

回话简短扼要，突出关键重点

在这个信息爆炸的时代，人们每时每刻都通过各种媒体和渠道接受到大量信息，忍受着因接触太多良莠不齐的信息炸弹而导致的审美疲劳，心底也在呼唤着“简约、简洁、简单”！无论在工作环境下，公共场所里，还是电话和网络聊天工具上，都充斥着各种啰嗦和赘言，让人无法逃避。有时候，语言也像一种商品，当简短扼要的语言在市场上断货时，你的生意就来了。

段芳是某保险公司业务代理人，她平时作风果断，雷厉风行。保险业务员考验的主要是人际沟通，对话能力，但不是每一个保险业务员都能正确地把握聊天的方式，并不是说得越多就越好。她不像其他的业务员那样滔滔不绝地把各类产品说得天花乱坠，让客户摸不着头脑，甚至头晕目眩，段芳先让客户陈述自己的情况以及倾向的服务种类。面对一位老大妈，段芳说：“根据您的情况，我们的A类产品是最适合您的，它针对老年客户，不仅对您自己，儿女也可以享受到福利，如果您相信我，我给您详细讲讲。”

诚然，在物质消费时代，消费品的推广要靠语言来传达，但并不是数量越多越好，太多反而容易造成接受者的反感心理，生出一种否定的心态。尽量把信息浓缩，让对方容易接受，容易理解，对方就更容易对你这个人产生好感，那么，余下的事情就水到渠成了。

丘吉尔以善于演说而出名，他的演说风格言简意赅、内容准确到位。有一次，有人问他："如果让您做两分钟的演讲，您需要多长时间准备？"丘吉尔回答："需要半个月。""那如果让您做五分钟的演讲，要准备多长时间？""需要一星期。""那让您做一小时的演讲呢？""现在就可以。"

丘吉尔的几个不同回复除了体现出他无处不在的幽默感以外，其隐藏的内涵也是发人深省的。那就是，越想把话语组织得短小简明，越需要更多的时间和精力去准备。因此，把话说得简单又清楚，在实践上不那么容易，需要首先在思维上把握信息的实质，提炼要素，再用逻辑化的语言把它表述出来。

回答简约有力，给人深刻印象

回话除了要简短扼要，还要铿锵有力。一般来说，抓不到重点的话语会显得软弱无力，无法打动人心。所谓有力，不光是在语言形式和语调上的强力，而且要在内容上掷地有声，让人可以立刻理解你的要点，从而体现出信息传达效果上的真正有力。

弗洛伊德是一位伟大的心理学家，一生著作颇丰。在其70岁的生日晚宴上，一位友人问他，是否借着这个机会把一生的工作做个总结。当人们一一就坐，期待着弗洛伊德的长篇大论时，他只是略微想了想，便说道："我领着病人走出精神烦恼，使他们恢复共同的痛苦。"

思维和语言是紧密相连，相辅相成的，思维是语言的前提，语言是思维的延伸。要想把话说得简洁有力，首先要保证思维的缜密性和逻辑性，语言才会相应地变得有条理。

有一回，一位记者采访一位著名政治家，问他做个称职的政治家需要什么条件。

政治家回答道："政治家要善于预言明天、下个月、明年及将来可能发生的一些事情。"记者又问："假如到时候预言的事情未能实现，那该怎么办？"

政治家说："那就要再说出一个理由来。"

可以看到，语意明确，思路清晰，善用精辟的语句，都可以有效地表达看似深刻的思想，并起到画龙点睛的效果。并且，尽量使用直白平易的语言，少用艰涩深奥的语句，这样除了让人能够听懂你在说什么以外，也不会让人对你产生做作、别扭的负面印象。

简洁但要具体，切忌缺省信息

做到简洁有力可以让信息的传达更为有效，让人印象更为深刻，但是简洁本身不是目的，不能单纯为了简单而简单。当一味地精缩字数，想刻意表现出语言天分的时候，反而很可能因聪明过头而造成过犹不及的效果。

赵明刚大学毕业，来到一家生产型企业里做车间助理。赵明工作积极性挺高，为人直爽坦诚，得到领导和同事的认可。但是，只有一点让人有些抓狂，就是赵明过于直爽，有时候在回答问题时过于简单，一些辅助性信息都得跟挤牙膏似的才能问出来。领导问："小赵，这一周车间的生产怎么样？"赵明："挺好的。"领导等了半天，没有具体描述。便又问："工人的工作情绪咋样呢？"赵明："可以的。"领导又问："材料情况呢？"赵明："没问题。"问了半天问不出什么，领导也无语了。

在回答别人问题时，做到了简短扼要，简明有力，可以给信息传达的有效性带来提升和帮助，但仍要注意控制简约化的程度，不能刻意为了表现语言表达能力而为之。那就陷入了形式主义的误区，反而矫枉过正了。从思维入手，在脑海里经过逻辑判断，精练所要表达话语的要点，剔除冗余，自然地就可以做到口吐莲花，道出金玉良言。

真诚恳切回应他人，摘下面具面对世界

庄子曰："真者，精诚之至也，不精不诚，不能动人。"庄子是一位哲学家，他从哲学思辨的高度，考察如何真正打动人的内心。尽管他的研究方法限于形而上的描述，但结论却是我们可以真实体验到的。那就是，在人际交往中，真诚确实可以打动每个人。

诚恳待人的字面意思就是指对待别人不虚伪，光明磊落，真诚恳挚。在物欲横流的现代社会里，有太多的利益去追逐，人们往往因为被物欲蒙蔽双眼，迷失方向，而放弃自己真实的一面，戴上面具去争名夺利，虚伪地面对他人。在人际交往中，你是否真诚，待人是否恳切，都是很容易被他人感受到的，反过来也直接影响了别人对你的态度。

真诚回话，用诚实打动别人

在实际生活中，为了自己的面子，或为了现实的利益，有些人会放弃原则，用虚伪的言行来对待他人。确实可能一时蒙混过关，却让自己的心灵受到污染。长此以往，慢慢地会蒙上更多灰尘，让心变了颜色。但是，也有很多人能够不忘初心，听从内心良知的召唤，坚守着那块洁净的心灵圣地。

一次，英国的维多利亚女王在白金汉宫举行宴会，欢迎来自德国的伟大作曲家门德尔松。当一首动人的乐曲演奏完毕之后，女王称赞不已，说道："就单凭这一首曲子，就足以证明你的天才和伟大。"

然而，门德尔松平静地对女王说："不，那首是我妹妹的作品。"原来门德尔松的妹妹也是个创作天分很高的音乐家。只是由于当时社会大环境的制约，没有署其名而已。

作为一位知名人物，在那么重要的场合里，面对着女王及其他达官贵人，门德尔松能够坦诚地道出真实情况，确实令人佩服。这段故事也传为一段佳话，即使很多人没有听过门德尔松的乐曲，也可能因为看到这个故事而了解了他的为人，也算是对他诚实的一种回报吧。

从这些例子中可以看到，想打动一个人是不难的，只要简单地拿出你的诚意就可以了，这里面根本不需要任何技巧。真正需要做的只是摆正心态，把眼前的虚荣和利益放在一边，轻松坦然地去面对他人和整个世界。

恳切回答，让对方心服口服

除了诚实的处世原则以外，待人接物还包括有一项重要方面，就是恳切的回话方式。相同的沟通环境和内容下，恳切真挚的态度和敷衍虚浮的姿态，带给别人的感受是截然不同的。对他人回话时不诚恳，也很难取得好的沟通效果和人际回馈。

《左传》中有记载，宋襄公十五年，有一个人得了一块洁白无瑕的美玉，便跑去献给大夫子罕，说道："如此稀罕的宝贝，只有像您这样清正廉洁的大人才配得上它！"子罕笑着回答道："你有你的宝贝，我也有我的'宝贝'。你的宝贝是美玉，我的'宝贝'是'不贪'。但是如果我收下你的这个宝贝，咱俩岂不是都没有宝贝了，我看咱们还是各自守住自己的宝贝为好吧！"这个人见子罕言语恳切，便心服口服地拿着玉离开了。从此，"人贵不贪"也成为千古名言。

可以看到，子罕诚恳的说话方式和做人原则，让献美玉的人佩服得五体投地，也成就了一段千古佳话。诚然，与人交往的时候，能得到对方的尊重和爱戴，无疑是最为理想的状态了。以诚待人，可以在人和人之间搭起心灵沟通的桥梁，通过这座桥，连通了彼此的信任和默契，并结成坚实的伙伴关系。

诚恳待人，营造和谐工作氛围

许多人都认为，工作环境，也就是俗话说的职场，是需要戴上一副假面具才能生存、才能自保的地方。这句话有它自身的道理，它说明了职场的复杂性。但也不尽然，作为我们花费大部分生命去共同建构的栖身之地，这里也是我们的第二家园，同事们也就好像是我们的亲人。你会用假面具面对亲戚吗？必然不会，那又何必如此面对类似于亲人的同事呢？摘下面具，不仅可以让别人感受你的温柔，也让自我卸下精神的包袱。

宋昆在一家销售公司做财务，平时待人诚恳，态度亲切。小李是一位刚来公司不久的销售人员，对业务不是很熟悉，因此刚开始的一个月没有取得较好的业绩。小李觉得宋昆待人友善，好说话，便尝试着说："哥，我这个月没有完成公司业绩，拿不到全额奖金，可是我家里都指着我赚钱呢，能不能帮我改一下业绩量，我下个月一定努力补回来。"宋昆听了，恳切地回答道："按照你的情况，不是不能做一些改动，这看上去也没什么。但是，公司的规定毕竟是我们立足的根本，打破一次，就可能有下一次，如果都这样，就会形成恶性循环。你现在急缺钱用，我借你一些救急，你看怎么样？"听了这些发自肺腑的话，小李怎能无动于衷，激动地连连感谢宋昆。

在职场上，把同事像亲人一样对待，自然就少了你争我斗的场面，大家用真诚恳切的态度对待其他人，就能够营造和谐舒心的工作环境，让每个人心里都充满了阳光，使集体的工作效率更上一个台阶，使每个人的收入也都相应提升，何乐而不为？总之，在与人交往的时候，凡事诚恳待人，敞开心扉，必定也会得到他人的肯定和回馈，这也是你最终走向成功的基础。

运用比喻回话，传达生活气息

比喻就是打比方，通过抓住不同事物之间的相似点，用较为具体、明晰和生动的物体来替代较为晦涩、难懂的概念。因此，比喻这种修辞方法除了可以增强语言的丰富性与美感，还可以提升语言内容的形象性，因为它更贴近生活，也使得信息传递更为直白和有效。

善用比喻，让回话清晰而明确

语言这个概念包含内容和形式两个维度，内容是所要表达思想的本身含义，是语言的基础；而形式是表达内容时所采用的具体手段，它决定了内容传达的有效性，也一部分决定了说话方在收听方心中产生的印象和影响程度。而比喻这种修辞手段就是为了增强语言的传递效果。尤其是在试图解释一些较为抽象和模糊的概念的时候，就可以运用比喻将它们化繁为简，化晦涩为明了，让对方更清晰、直观地明确你的意图。

善用比喻，让回话具体而鲜明

比喻常常用于本身不好描述的、带有抽象概念的事情上。有些稍微复杂一些的逻辑，更适合用书面文字的方式表述，而在实际沟通场合，又不可能总是递交纸质报告，是需要口头上的即时汇报的。这时候，与其费力不讨好地长篇大论，为了说明白事情而旁征博引，倒不如巧妙地借助身边的事物进行类比，用更接近生活的物体来让概念明朗化。

三国后期，魏国举大军分五路进犯蜀国，在危难之际，蜀国派使者邓芝前往吴国请求同盟，共拒魏国。而魏国也派了使节去吴国，要求共同夹击蜀国，并许以共同分割蜀地为利。吴王孙权见状，便和军师商量，到底应和谁结成同盟，军师献策，在大殿上置一大鼎，里面放满油煮沸，这样可以给使者造成心理压力，谁的意图不纯粹，必然言不由衷。于是，大殿之上，孙权问邓芝："你是来请求我发兵解困的吧，我看蜀国这次难逃灭亡，我正欲与魏国结盟，共同伐蜀，还能分得蜀地。你就自己下油锅去吧。"邓芝面不改色地说："人都说东吴能人多，难道还怕我说话不成。"孙权听了，只好让他把话说完。邓芝道："方今天下，以魏国土地人口最多，势力最强，早就想着吞并吴蜀。而蜀有山川之险，吴有三江之固。如果联合起来，则可以抵挡魏国，反之，则会唇亡齿寒。就像大殿上的这个鼎，它需要三个脚共同支撑，缺了一个都会倾覆。"孙权听了，默默地点了点头，便令人把魏使扔进了油锅。

邓芝形象地把大鼎的三只脚比喻成三个国家，任何一脚的缺失都会造成局势倾覆，都不能保全，形象地传达了本来较为抽象的概念。他巧妙地借助了身边现成的事物，即本来用于威胁恐吓的大鼎，借力打力，使传达效果更为显著。

善用比喻，让回话了然而形象

在我们的实际工作环境中，每天面对很多繁琐的事情，需要进行大量的信息处理工作，人们普遍有信息接收疲劳的"症状"。如果能够善用比喻修辞，用形象化的话语简化概念，用贴近生活的语言拉近认知距离，则必然可以得到大家的认可。

小刘刚从大学毕业，学的是网络工程，来到一家金融公司做IT工作。他平时爱动脑子，思维灵活，办事能力强，得到同事和领导的一致认可。一次，公司组织大家学习计算机知识，请小刘做讲师。在讲解网络技术时，很多术语诸如IP、子网掩码、默认网关等让大家感到头晕，表示听不懂。小刘见了，灵机一动，便换了一种讲解方式："这么说吧，大家可以想象A、B两座楼，楼之间的通讯由门卫室传达。每座楼4层，每层5个房间，房间101，201，301和401用来做各层管理室，门卫室在楼的出口。那么，IP就是每个房间唯一的门牌号，子网掩码就是每层的管理室，默认网关就是每座楼的门卫室。"

听了这样的讲解，大家纷纷舒展开了眉头，表示听懂了。

可以看到，运用比喻的手法，让很多表面上看起来不容易说清楚的事情变得透彻好懂，就像一束阳光照进了黑暗洞穴一样，让人瞬间豁然开朗。这其实就是积极联系生活带来的益处，不光是回话，我们如果能在思想上也主动贴近生活一点儿，在姿态上更亲民一些，在性格上更亲切一些，不仅可以使自身变得更为朴实和阳光，也会让周围的人更喜欢你。

妙用排比回话，充分表达情感

“把自己体验到的感情传达给别人，而使别人为这感情所感染，也体验到这些感情。”创造了史诗体小说的俄罗斯文豪托尔斯泰擅长描写人物多面和复杂的内心，他重视人与人之间情感的分享和传递，从而达到沟通与理解的目的。

排比是语言的一种修辞形式，它把在结构上、语意上、语调上相似或密切相关的语句连串地排列，来取得一种加强语气的效果。在人际沟通环境下，有时候为了增强回话的感染力，传达自身的真实情感，在回话时可以采用排比组句的方法，取得更震撼人心的效果。

善用排比，让情感丰富表达

人际沟通过程除了按部就班的理性交流，即按逻辑思维的模式进行以外，还少不了在情感上的传递和理解。人是情感的动物，但其微妙的个体感受很难通过浅显直白的逻辑语句来传达，这时候，就可以借助修辞的力量。排比组句是一种用于情感表达的修辞，它由三个或三个以上具有相似语意和结构的句子排列组成，在表达内心感受，尤其是较为激动和澎湃的思想感情的时候，能起到推波助澜的作用。

春秋时期，百家争鸣，各个学派之间虽有着不同的学术领域和认知观点，但派别之间并不排斥，而是互相学习，共同进步，一副百花齐放的局面。一次，孔子得知其学生南宫敬叔有机会前往京都洛阳朝拜天子，便与之同行，因为他想借此机会去面见老子，向其请教学问。刚来到洛阳，不顾舟车劳顿之苦，孔子便着急地前往老子的住处。老子也久闻孔丘的大名，赶快整理衣冠出迎。二人在屋中坐定后，孔子便向老子求教："我学识浅薄，特地向老师请教。"见孔子如此谦虚诚恳，老子便详细阐释了自己对一些学术问题的见解和看法。

孔子回去以后，学生们纷纷上前询问从老子那里学到了什么。孔子回答说："老子博古通今，实在是一位伟大的好老师。"接着详细地把从老子那里请教来的学问传授给了自己的学生。孔子说完还不尽兴，又抒发起了感情，他说道："鸟儿，我知道它能飞；鱼儿，我知道它能游；野兽，我知道它能跑。善跑的野兽可以结网逮住它，会游的鱼儿可以用鱼钩钓到它，高飞的鸟儿可以用良箭把它射下。至于龙，却不能够知晓它如何乘风云上天的。而老子，其犹龙邪！"

孔子去老子那里本来是为了请教学问，是带着具体目的的，可是当他实现了此行的计划后，心中同时也深深积藏了对老子的敬仰之情。于是，他运用排比的修辞手法，层层递进，生动洋溢地把老子在他心中的高大形象描绘了出来。同时，也非常直观地在学生脑海里印下了深刻的印象，这就是排比组句的语言力量。

运用排比，让情绪高度展开

人的感情丰富多彩，除了对美好事物产生的正面的审美之情或对崇高人物产生的敬仰之情以外，面对不怀好意的人，我们也会自然地迸发出负面的愤怒之情或是激昂的反抗情绪。尤其是当受到敌人的威胁时，仅仅是简单的逻辑上的拒绝往往不足以表达内心的抵触情感和坚决反击的决心，这时候，适当运用排比可以更为充分地表达思想感情。

使用排比，让本意充分流露

运用排比抒发感情、制造声势，并不只是名人的特权。在现实生活中，尤其是在每日按部就班的工作环境下，也需要一些情感表达的输出，一方面表明立场和态度，另一方面让别人更清楚地认识你，加深情感沟通的效果。职场本身带有着时间持久性的特点，在这个相对固定和封闭的空间里相处久了，自然对周围的人产生某种固定僵化的看法。当别人用带有偏见和刻板的眼光看待你的时候，不妨也展露一下自己的个性。

小张是个沉默寡言，但意志坚定的姑娘。今年刚从大学毕业，来到一家企业做文字工作。她平时工作勤奋，善于思考，这份工作的性质也比较适合她的性格。因此工作进步很快，得到领导的认可。但是，往往优秀的表现会招来别人的妒忌，尤其是初来乍到就显露头角的，就很可能受到排挤和非议。由于性格内向，有个同事就针对她不太爱说话的特点，在背后议论她，慢慢的，造成了一些不好的影响。更过分的是，有一次，她的办公桌上竟然留下一个纸条，写着："不要太自大，不是就你会讨好领导。"她看了，知道旁边的同事在等待她的回应，便整理了一下情绪，对着大家说："我并没有讨好领导冷落大家，我只是性格使然。你们以为不说话的人就没有人格，不说话的人就没有内心，不说话的人就没有感情了吗！"

总之，善用排比可以更为清晰有效地传达你的思想感情。尤其是带有一定情绪的想法，通过排比的修辞，既能让别人容易接受，又不会伤害他人的感情。但是无论如何，工作环境毕竟是大家长相处的地方，感情的宣泄也要注意拿捏适度，只要意思到位，点到即止即可。

巧用一语双关，含蓄回复问题

《周易》有云："书不尽言，言不尽意。"孔子也在其言论中提到此句，表面上表达了对语言、文字无法明确表现人的内心思想的惆怅。实际上也可以引申到另一层意思上，即人在说话时不一定要把话说得太直白，留下一些余地，话外的意境更耐人咀嚼，余味无穷。

含蓄的字面意思是，在表达某些看法或见解时，使用较为委婉的方式，让言语意未尽露，即言不尽意的程度。含蓄的语境常常可以使用一语双关的语言技巧来取得。用这种技巧回话的时候，不光是为了体现言语本身的巧妙，也不是为了炫技，而是希望让话语收听方产生意外之感，且因为本身的含蓄表达，也不至于破坏气氛，伤害感情。

善用一语双关，应对微妙问题

一语双关的意思即使用一个词、一句话或一个概念来同时表达两种潜在意思，关联两种相似语意。在人际交往过程中，面对一些难以正面回答的问题，又不好避而不谈的时候，往往可以用一语双关的方法，表面上好像答非所问，实际上却已经隐晦地表达了自己的意思。让人回味半天，幡然醒悟的时候，不禁会心一笑，达到更特别的沟通效果。

舒尔茨是德国前国防部长，他出身平民，曾做过泥瓦匠。有些他的反对者就常常抓住他的出身低微的现实来说事。有一次，在记者会上，有人哂笑着问舒尔茨："请问部长大人，做泥瓦匠和做国防部长，有什么相似的地方？"台下人听了暗暗发笑。舒尔茨不慌不忙地回答道："两者都必须敢于站在高处，不能有恐高症才行。"台下听了，纷纷鼓掌。

确实，泥瓦匠要爬到高处工作，国防部长也要在高层总揽全局。舒尔茨有洞察力地抓住了不同事物之间的共性，合理运用一语双关的语言手法，让不怀好意者无功而返，哑口无言。同时还让大家明白一个道理，工作没有高低之分，都是在为社会做贡献。

善用一语双关，拒绝无理要求

我们在社会交往中，总会遇到一些人，为了自身的利益，向你提出非分无理的要求。无论他和你是什么关系，朋友也好，亲戚也好，同事也好，无论你选择帮他也好，不帮也好。都不妨使用表面上看起来无伤大雅、一语双关的语言，含蓄地表达自己的立场，让对方在反思中清醒地认知自己。

善用一语双关，否定无知问题

带逻辑性的问题，可以用理智的方式回答。而无厘头的问题，缺少逻辑概念的问题，就很难用一般的方式来回答了。就像一句俗话说的，“夏虫不可以语冰”。面对幼稚可笑的问题，只能选择非常规的方式来回答，而一语双关、含蓄幽默的言辞恰恰适合应付这种情况。让对方在惊愕的同时自我反思，治一治不长脑子的毛病。

美国著名小说家马克·吐温以语言风格轻松幽默著称，他非常平易近人，同文学爱好们保持着亲密友好的互动往来。有一次，一位初学写作的文学爱好者写了一封信来，询问写作的灵感问题：“我听说鱼骨头里有大量的磷质成分，对脑子特别好，要成为有灵感的艺术家，是不是要吃很多的鱼，请您对这种说法给出自己的看法。”

他在信中问马克·吐温：“另外，您的写作天赋是不是也来源于吃了很多的鱼，请问您吃的又是哪种鱼，也没有特别功用？”

马克·吐温哭笑不得，便在回信中说：“看起来，你得吃一条鲸才行。”

马克·吐温的幽默让人捧腹，也让人深思。面对这种无知而又可笑的问题，他在鄙视的同时，也发出叹息，更发现即使正面回答，直接否认，也不能起到好的效果，干脆使用一语双关的方法，暗示对方的脑子极度“缺磷”，需要反思一下了！

RESPONDING SKILLS

第二章

准备工作要做好，回答之前需思考

做任何事情之前，充分的准备工作都是必不可少的。而回话是一个即时且动态的过程，它确实考验我们的临场应变能力，但不能因此而抹煞准备工作对回话质量所起到的关键作用。它分为三个层次，回话能力本身的准备、对回话过程的认识上的准备和思想观念层次上的准备。做好了这些，可以说你已经为下一步的回话实践打好了坚实的基础。

习惯预先准备，临场对答如流

“凡事预则立，不预则废。”出自《礼记》，集儒家哲学思想之大成的一部著作。这句话强调了计划的重要性，说明了预先的准备工作对于取得最后成功的关键作用。引申开来，也表达了在说话和沟通时，谁预先有准备，就不致于在对话过程中理屈词穷。

“准备”的字面意思即预先的筹备和计划安排。做任何事情，如果是在没有计划和准备的安排下仓促进行的，都容易出现问题，临时抱佛脚的处事态度会让成功的机会大大降低。与上节中讨论的关于能力锻炼上的准备不同，这里所着重探讨的是做某种事情前的，或者具体说就是在进行沟通交流前的预先准备。

习惯准备，充分掌握沟通背景

人的大脑不像电脑，能够随意地存取暂时不使用的信息。人大脑的特殊性就在于它的信息存取不稳定性，当你突然想说什么的时候，会常常出现大脑短路，搜索半天也找不到那个妥帖合适的词语。还有些情况是，在某些你缺乏经验的场合，你很难通过联想的方式想象出你应该说的内容，更别提对答如流了。这都突显了准备工作的重要性。

三国时期，蜀国丞相诸葛亮舌战群儒，是大家耳熟能详的故事。为了达成孙刘联盟，共同对抗曹军，诸葛亮在吴国与江东一群智士谋臣辩论，批驳了他们绥靖投降的错误意识。表现上看，诸葛亮是凭借其超凡的智慧，随机应变地击败那些谋士的。可是，如果我们仔细地阅读原文，就会发现远非如此。从原文中可以看到，在辩论的时候，次序上都是先由一位吴国谋士率先发难，然后由诸葛亮接招回应。他在回答每一个人的话时，都会立马先说出对方的名字，然后根据对方的背景和身份，恰当地给出自己的答话。而每次让诸葛亮占上风的，不光是话中的义理，还包含了对提问人物本身的冷嘲热讽，这些都是基于对对方足够了解的基础上才能做到的。而这些，都应归功于诸葛亮在出使东吴前便做了大量的情报工作，准确掌握了敌情，才让自己在辩论时能够气定神闲，稳若泰山。

诸葛亮的这个例子充分证明了在进行沟通交流前进行准备工作的重要性。在人际沟通场合，具体应准备的内容包括：对沟通背景的了解，即什么样的会议，什么样的谈判等；对沟通对象的了解，即对方的性格、观念等；对沟通内容的了解，即所要交流的事物本身的概念等；另外还有对各种可能发生的事件的预判，比如可能让你上去致辞，让你发表即兴感言，等等。

重视准备，提前做好预备事务

在工作环境下，准备阶段对工作的成败也起到非常关键的作用。在企业里，每时每刻做好充分而有效的准备工作是其迈向成功的关键。充足的准备是后面的所谓勤劳苦干的前提，不过，如果连准备工作都懒得做，或者拖延到最后一刻才手足无措地去做，那何谈勤劳二字。

王冰是一家商贸公司的销售助理，小伙子挺有干劲，外向活泼，就是有时候做事不够踏实，有点毛糙。有一次，王冰预约的一个客户准时来找王冰商谈业务，但发现王冰没在他自己的办公室，打听半天才在资料室找到他。原来王冰正汗流浃背地在里面查找客户资料呢，突然抬头看到客户已经进来了，便不好意思地连连道歉，说本该提前归整的东西因为工作忙而耽误了。结果，等王冰歉意地领着客户来到洽谈室时，突然一拍脑袋，想起准备给客户看的材料还没有打印，便赶紧跑出去打印。等到材料终于复印好，王冰和客户都就位准备正式洽谈时。王冰又绝望地发现，材料复印错了。这时候，客户剩下的那点耐心也用完了，叹了口气拂袖而去。

在职场上，很多人就因准备工作没做好而失去晋升的机会，甚至丢掉工作。从上个例子可以看出，并不是越显得忙的员工才越勤勉，显得忙也有可能是因为缺少准备而导致的手忙脚乱。磨刀不误砍柴工，当你对自身的工作胸有成竹时，其他的问题就都能够迎刃而解了。

勤于准备，预判所有可能事件

另外，在准备像会议、谈判等即时性工作的时候，对话交锋，你来我往之间都是快节奏的思维运动，容易出现随机的事件。如果没有预先的准备，没有事前对可能的谈话内容和背景进行一番了解和分析，那必定容易乱了阵脚。

小李大学毕业后来到一家外资企业里做口译工作，他勤学好问，思维敏捷，很快就熟悉了工作内容和流程，岗位表现也很出色，得到了领导的认可。但是，初步的成功也让小李的思想有了一些松懈。有一天，领导安排第二天上午召开高层会议，有几个合作单位的负责人也会参加，领导让小李担任口译工作，并让他把合作单位的相关信息准备一下，以免遇到一些专业术语卡壳。小李答应了，但是下午正好有其他事务要处理，没有时间看资料，便准备加班看。下班时，正好小李一个哥们打电话来，邀请他去聚会，小李拒绝不了，心想经常开会也没出什么问题，索性就不看资料了。结果可想而知，因为缺少准备，会议上小李不知对方所云，窘迫万分。事后，小李认真做了检讨，再也不敢不准备就上阵了。

总而言之，无论做什么事情，预先做好准备都是有百利而无一害的。千万不要以为准备工作是一道多余程序，以为它会占用你额外的时间和精力，它实际上只会大大降低和减少你后期工作的强度和工作量。遇事先想到做准备，重视做准备，勤于做准备，就会慢慢地把准备变成自己的一种习惯，这样，就不会手忙脚乱，而是成竹在胸了。

保持冷静，打理情绪

“冷静的心，在任何环境里，都能建立更深微的世界。”文学家冰心在她的《繁星春水》里表达了对保持内心冷静状态的一种肯定和追求。她认为冷静可以让人的灵魂上升到一种高层次的境界，更为深刻和宁静。

冷静即要求人能够控制情绪，不感情用事。说着简单，其实做起来并不容易，人本身就是感情的动物，是有七情六欲的，去控制它也就是和自我意志作对，有自我否定的感觉。因此，想做到冷静，就要适当跳出思维的固定节奏，放下自我，风轻云淡，让本来难以控制、莫名而发的情绪野火能够随风飘散。

保持冷静，让危急的局势反转

在某些社交场合中，人们往往会因为担心自己表现得不够良好而产生紧张害怕的心理。比如，在和上级说话时，或是和我们自身利益有密切关系的人说话时，或是你初到一个陌生的地方对周围环境不了解时，或是你在等候面试的时候，都可能会有慌张的心理反应。带着这种状态是很难表现出你能力真实一面的，往往会打很多折扣。深吸一口气，让自己的头脑冷静下来，才能为接下来的沟通交流做好心理准备。

控制情绪，合理宣泄负面情感

情绪是人类的大敌，常常会影响我们的判断，让我们失去理智。情绪也是每个人都会有的，只是表现得或多或少，控制得或好或差而已。历史上很多有名的人物，自身虽有超越常人的体力和智力，却也会败给情绪。

林肯当美国总统的时候，他的下属都非常尊敬他，遇事也常常向他请教。有一次，一位军队的高级军官向林肯抱怨，说一位下级军官竟敢侮辱自己，问林肯应该如何应对。林肯便建议这位高级军官写一封贬低对方的信来解气。

信写好以后，当那位高级军官刚要把信寄出去时，林肯问："你想干什么？"

高级军官不解地说："把信寄给那个侮辱我的军官呀！"。

"把信烧了就行了。"林肯解释道："我是这么做的：我生某个人气的时候就习惯写封信来解气。如果一封信不够，那就再写，写到你觉得够舒服为止！”

心里产生负面情绪，需要疏导发泄，像林肯就用了写信的方法。

林肯在控制情绪的方法上给了我们一个很好的启示。那就是有了情绪，与其硬憋在心里，不妨找个出口把它宣泄出去。可以像林肯那样，写信然后烧了，也可以根据自己的喜好来选择，比如进行长跑、听音乐等。原则是既不伤害别人，也不伤害自己。

跳出自我，平静面对胡搅蛮缠

不要小看这个万花筒似的社会，有遵守游戏规则的人；也有站在它的对立面的人，即蛮横无理、胡搅蛮缠的耍赖分子。其中，有的是被现实所迫被逼无奈，有的是性格使然习惯纵容，更多的是二者的结合体。在面对他们的时候，在被他们的一套演技所折磨时，保持自身的理智无疑就成了一种挑战和考验。

小宋在一家驻国外建筑工程公司做合同管理工作，平时勤恳踏实，一丝不苟。在严谨的海外工程制度体系下，小宋严格遵守规章程序，按部就班推进工作进度，工作进展得很顺利，也得到了领导的认可。但是，随着工程进度的复杂化，也不可避免地出现了不和谐的因素。一个当地分包商在工程款问题上向小宋的公司提出了质疑。在签订合同时，小宋是全程参与的，主要负责与分包商负责人进行协调。刚开始的时候，小宋以为是因为语言问题或其他方面的问题造成了误解，便耐心地解释给对方。但对方好像并不买账，只是一味坚持自己的立场，隔三差五来闹事。小宋本来也是直脾气，在对方不断的纠缠下，也爆发了出来，大吼着让对方出去。最后，事件在多方协调下解决了，小宋为自己没有控制好情绪而道歉，分包商负责人也承认了是因为资金链断裂而不得不向承包方施加压力。

总之，控制情绪，保持冷静可以让我们在答话之前做好充分的心理准备，让我们的回答更为得体，让沟通更为有效。但抑制它是需要克制本性的，需要跳出固有的情感模式。从这一点上我们也可以看到，冷静是这样一个对立而统一的矛盾体，一方面它需要你恪守理智，来压制住内心感情的波澜；另一方面，它需要摆脱理智，跳出逻辑的限制，因为纯粹理智会让你在不讲逻辑的人面前失去耐心，丧失理智。

尊重语言逻辑，把握轻重顺序

“历史使人聪明，诗歌使人机智，数学使人精细，哲学使人深邃，道德使人严肃，逻辑与修辞使人善辩。”英国文艺复兴时期的散文家、哲学家弗兰西斯·培根在他著名的随笔《论读书》中提出了他这段著名的论句。其中，针对言语，他强调了逻辑和修辞的作用。

逻辑是一种思维上的规律和规划，是对思维过程的一种抽象，通俗讲就是事情发展的因果规律。按照培根的论断，语言是逻辑的艺术，没有逻辑感的语言无法有效传达信息，甚至起到传达错误信息的负面作用，不可不察。

调整次序，让结果率先浮现

我们在日常说话的时候，往往都是根据平时的语言习惯，随意组织话语的逻辑次序，不太讲究内容的合理编排。正常情况下这样做不会有什么影响，因为我们所要表达的内容大多是并列关系的结构，无论先说什么，只要对方认真收听，或早或晚都会接受所有信息。但是，在一些特殊情况下，不注意语言的逻辑先后会让收听人产生误解，甚至可能给他们带来一定的困扰。

刘女士的闺女正在上高中，平时寄宿在学校。有一天晚上，突然电话铃响了起来，刘女士接起来问是哪位。对面用庄重的声音说道："我是你女儿的校长，有件事要告诉你……"李女士非常爱护女儿，听到这里，以为闺女出了什么事儿了，早吓得心脏砰砰直跳，拿着电话的手都在打颤。然后对面继续慢条斯理地说："是个好消息，你女儿获省里大奖了，需要去省会领奖，最好来个家长陪着去保证安全，打电话来就是请你们提前准备一下。"幸亏刘女士心脏没什么问题，要不然不等好消息说出来，说不定就已经瘫倒了。

校长应该这样说："好消息，您女儿获奖了。我是她的校长，请你们准备……"这样调整次序以后，先说结果，就不至于把人吓到了。

这位校长讲话的次序选择着实让人不敢恭维，明明是件好事，却弄得让人担惊受怕。由此可见，掌握先说什么后说什么的回话逻辑是非常必要的。

张阿姨正在家里走饭，街坊的一个大妈突然跑过来对她喊着："不得了了！你家公子在大街上玩球，球跑到路中间，你儿子直接跑过去捡。结果，正好过来辆大车，你儿子……"说到这里的时候，张阿姨早就瘫倒在地上了。大妈赶紧扶着她说道："别急啊，我还没说完呢！你儿子差一点被撞，没事的，我已经告诉他注意安全了！”

这位大妈不想让别人着急，可她正是用逼着人着急的方式去说话。本来都没事，让她这么一说，搞不好张阿姨都会因心脏病突发被送医院。如果这样说，张阿姨就不会被吓坏：“你儿子差点被车撞到。”先说出结果，别让人的心悬在那里，然后再慢慢说过程也不迟。

注意先后，给对方不同感受

除了在发生特殊事件，应先揭示事情的结果，让人放心以外，回话的先后顺序还会在其他一些方面给对方不同的心理感受。比如在社会价值观的表述上，用不同的顺序说，就会产生截然不同的效果。

一位客户走进一间办公室，助理说道：“不好意思，老板现在不在，您有事吗？”

或者这样问：“请问您有什么事，先跟我说吧？对不起，因为老板现在不在。”

大家可以通过对比上述两句说话方式，直观地得到不一样的心理反应。虽然表达的是完全一样的意思，可第一句明显给人想赶紧轰他走的感觉，而第二句，却让人感受到一种温暖，让人觉得对方是想接待自己的。

汉语有着几千年的历史，博大精深，一点小小的使用上的区别，就会给听者不一样的感受，并直接决定了他反过来对你的态度。在说话时多考虑两秒钟，想想对方可能产生的感觉，再选择合适的逻辑顺序进行表达，才能得到更好的反馈。

先说重点，让领导尽早有数

在职场上，领导日理万机，商机瞬息万变，生意成败往往取决于片刻的预判或拖延。在向领导汇报工作时，抓住重点，合理安排逻辑次序，成了职场人必须具备的能力。

刘婷新到一家中外合资企业任行政秘书，虽然工作很积极，但有时办事颠三倒四，抓不住重点，让领导也颇为头疼。一次，领导因为要赶航班出差，临走前需要听取刘婷的工作计划与汇报。因为时间比较急，领导让她长话短说，先说重点。刘婷确实是做了准备，抱着一个厚厚的册子，写满了各种工作和事情。坐下后，她便慢条斯理地一项项地汇报，领导看她办事有条不紊，觉得倒也难得，便耐心地听她说完。过了两个多小时，汇报结束的时候，领导很满意刘婷的工作汇报，正要夸奖她，她突然来了一句："一大早美国公司那边打了好几个紧急电话，说集团总裁有非常重要的事情找您，还交代要尽快回电话。"

这个例子虽然有些搞笑，也有些让人无法置信。但它鲜明地表现了说话不注意抓重点，不注意先后次序可能带来的负面作用。也许这个电话非常重要，也许在这两个多小时的汇报前后回电话会对公司有截然不同的影响，如果真是这样，只能有后悔的份了。

王经理在外面忙了一天，傍晚回公司处理事务，刚坐下歇会。一位下属火急火燎地跑到他的办公室说："不得了了！咱们的货物出了问题，少办一项手续，都押在那里上不了飞机啊！"王经理本来血压就高，听到这差点晕过去。谁知那位下属慢条斯理地继续说道："还好我及时过去了，把手续补齐了，现在货物已经装好运出，估计都快到了。"

这样的下属，估计不把人气死，也把人吓死了。说话的优先顺序确实关系重大，不能不让人细细考察和分析。请在做出你的回话前，琢磨一下它可能产生的结果，让它更有合理性，至少不会吓着人吧！

或直奔沟通主题，或闲话曲折铺垫

“对节奏的敏感，正如一般的音乐能力一样，是人类的心理和重量本性的基本特质之一。”俄国无产主义革命家普列汉诺夫对人生的节奏把握有着独特的视角和观念，并将其提升至一定的高度，强调了其指导人生路程的重要性。

节奏是指人在进行某种行为或在某个活动中采取的有规律性的变化，在音乐中表现为轻重缓急的律动。同样，这个概念可以延伸至人际沟通领域，当回答对方的提问时，可以快速接招，直接响应；也可以含蓄回答，缓缓处理。也就是，或直奔主题，或闲话铺垫，何去何从都取决于当时的语境与情境。

快速直奔主题，节省对方时间

直截了当，直奔主题的交流方式是现代快节奏社会的基本需要。在社会高速运转的经济背景下，在高速流通的利益链面前，尤其我们在和领导交谈时，对方往往没有太多时间浪费在你身上，更需要注意简练和直白。

在跟领导汇报工作时，首先，一定要采用直奔主题、尽量简洁的方式。因为领导要统筹全局工作，他的工作量和繁重程度要比你想象得多的多。你节省他的时间，就是对他最大的尊重。

其次，说话时间的控制。说话时间不能太长，但也不能只一两句话，那样会显得你的工作内容不充实。最好是控制在三至五分钟左右，需要你把汇报内容预先整理分类，这样既够说清楚几件事的，也能让领导对你有条不紊的工作刮目相看。

第三，在领导没有提出特别关心的问题的时候，那就把最近工作的重点和成果着重汇报一下，而过程中的细枝末节大可以省去。这样，领导会认为你识大体，知道孰轻孰重。

第四，尽量少提个人感想。领导和下属之间少谈朋友感情，少套近乎是大家都了解的。但是，这种忌讳不光是为了避免尴尬，更重要的是节省大家的时间，矫情不是用于职场的。

总之，要注意多站在领导的角度看问题，节省了沟通时间，加速了业务流程，实际上也就等于为公司赚得了相对利益，自然可以让老板在众多同事之间高看你一眼。

使用闲话铺垫，妙拒对方请求

需要使用闲话进行铺垫的谈话一般来说，在对方有求于你的时候，因为不好意思直接提出要求，会自行地先进行一些言语铺垫，投石问路。而你正好在这个过程中，利用时间差来决定是否给予帮助。如果觉得自己做不到，或者勉为其难，则需要先使用闲话进行铺垫，通过暗示的方式告知对方自己的意图和情况，把可能的尴尬消解于无形。

有两个人进城务工，没有带很多钱，虽然找到了工作，但头一个月的住宿是个问题。他们便找到了老乡赵坤，一见面便向他倒苦水，说出来打工也是没办法，但旅馆太贵了，租房子又暂时找不到合适的。说到这儿，言外之意已经很明显了，赵坤便说道："确实，这里不能和咱们屯子比，住房太紧张。就说我现在，老少三代人挤在两间小屋子里。还好我儿子上初中可以住校，但放假回来只能睡沙发。按说，你们初来乍到的，应该留你们在我那儿住几天的，可是力不从心啊！"他们俩听了，没再多说什么，赶紧继续去别处找住处了。

赵坤在预判到对方的来意后，用闲话铺垫的方式，侧面告之了自己的实际情况和意图，免去了待对方提出具体要求又被泼冷水的尴尬。可见，这种方式适用于不太方便直接回话的情境，是为了照顾双方的感情和面子，不得已而做出的曲折式应对。

洞察职场变化，掌握合理节奏

在工作环境中，除了应对快节奏的直奔主题。某些情况下对回话节奏的控制需要更为灵活，这是由职场本身的复杂性和动态性决定的。即使在你熟悉的日常工作场所，也可能变换出现不同的场景，遇到不一样的人。这时候，就要适时根据具体情况，调整回话的节奏，甚至在特殊的一些场合下，还可以采取暂时不回话的策略。

张倩毕业后进入了一家建筑工程公司工作，虽然是女生，但比较要强和自立，工作态度也很积极，得到了领导和同事的认可。有一次，领导让她负责起草一个标书，用于投标一处市政建筑工程。张倩接到这个具有挑战性的任务后，心情也很激动，毕竟以前没有承担过那么重要的工作，便决心做出个样子来。她连续一星期加班加点、挑灯夜战，终于把厚厚几十页的标书完成，带着几许骄傲的成就感，呈递到领导面前，满怀希望地等待着表扬。但是领导只是翻了翻，便让张倩先回去休息。过了两天，对标书仍没有反馈，张倩感觉有些纳闷。这时，一个老同志主动过来问道：“张倩，你的标书咋样了？要我给你看看吗？”张倩便赶紧拿给他，这位老同志很热情，带着张倩把文档从头到尾顺了一遍，修改了大量不合适的地方。当张倩再次把文件呈递给领导时，领导脸上终于浮现出了笑容。后来，这位老同志告诉她说：“是领导安排我帮你修改的，因为知道你好胜心强，不想当面打击你的积极性。”张倩听了，心中暗暗地感激。

在这个例子里，领导分析张倩的性格特点和具体事件的特征后，适当地采用了暂缓回复的策略，使对方在心理上更为容易接受，这是对回话节奏掌握的正面应用。总之，无论是采用直奔主题还是闲话铺垫的回话节奏，目的都是为了在取得实际交流效果的同时，尽量让对方在心理上更加容易接受。但要注意的是，切忌滥用节奏变化，在没有特殊需要时，自然而然地与人交流才是达到心诚则灵的最好途径。

或直接表明观点，或婉言曲折相告

“直道跑好马，曲径可通幽。”这句话通过鲜明的形象，指代交际表达手段中的直言和婉言。并且分别将直言的效果比喻为好马在奔腾，一往无前；把婉言的效果比喻为可以通达幽静美好的情景语境。

在人际沟通环境里，为了不同的表达需要和处理多种谈话语境，常常需要我们采用不同的回话方式来应对问题，并表达自身的情感和意图。一般来说，大致分为两种类型，或直接表达，或婉言相告。应合理采用不同类型的处理手法，有针对性地应对不同的情况和态势，并产生截然不同的沟通效果。

直言告之答案，注重沟通效率

直言表达是一种直截了当的回话方式，它常用于需要果断、简洁地给出具体答案的场合。如今工作讲究速度，办事讲究效率，要尽量裁剪沟通流程里的多余噪音，摒弃传统风格的繁文缛节。政府对公共部门提高窗口办事效率的普遍要求就是一个典型的侧面反映。而且，即使在古代，也不一定都是慢吞吞的慢条斯理的交流。比如，在战场上，局势瞬息万变，就需要做出简单明确的指令。

鲁庄公在长勺与齐国作战时，军事家曹刿一旁辅佐。两军对战，鲁庄公想直接发动攻击，曹刿坚决地说："还不行！"等到齐国军队击鼓三遍之后，曹刿才发声："现在可以了！"当鲁国的军队在战斗中获得了优势，鲁庄公想要全军追击时，曹刿果断地说："还不行！"然后，曹刿谨慎地四面观察瞭望，才说道："现在可以了！"最终，鲁庄公在曹刿的帮助下，大胜齐国于长勺。

上例中这些简单干脆的回话，都体现了在像军事行动这样的需要果断直接表达态度与想法的情境中，直言不讳的、直抒已见的回话方式所能起到的显著的效果。当然，它的应用场所远远不限于军事领域，在我们的日常工作和生活中，只要我们细心观察，就会发现很多类似的时候，是需要仗义执言，不能够过于忸怩作态的。

多用婉语相求，给人回旋空间

现在很多人提倡开诚布公，直言无隐，这符合社会发展的主旋律，本没什么错。可是，现实和理想往往不能完全画等号，世界不是机械而僵硬的，是有血有肉的情感社会，很多情况下我们需要考虑别人的感受，用委婉的语言告之自己的想法和态度。

为给著名演讲家亨利的逝世做纪念性的追悼大会，亨利的忠实朋友，演讲家阿尔伯特受邀在大会上发表演说。阿尔伯特对亨利的去世深感哀痛，也很重视这场演说。他便精心准备和写作演讲稿，还反反复复地修改了好几遍。并交给妻子看，让她提一些意见。他妻子看了以后，感觉虽然写得情真意切，却有些过于学术化，太多论述色彩，但又不好直接表达，便说道："这篇文章写得真好，如果发表在科研杂志上，效果会更好。"阿尔伯特心领神会，便重新又写了一篇较为通俗接地气的演讲稿，事实证明这种选择是对的。

面对这篇费尽心血的稿子，阿尔伯特的妻子深知其重要性和在丈夫心中的地位，为了不让丈夫产生抵触情绪和逆反心理，她使用曲折的语言表达了想法，含蓄地指出了问题的关键所在。这也引导着丈夫客观地反思和考虑她的建议，最终认识到自己的问题，取得了较为满意的结果。

善用婉言回答，给人多留余地

对于直言和婉言的选择，除了靠理智地判断现实情况以外，还要感性地去考察人情。善用婉言回应不太好接受的要求，是一种高情商的表现，它体现了回话人能够为他人情感着想的高尚品质。如果你这样做了，自然得到他人投桃报李，获得回馈。

衡量对方水平，相应给出表达

“知己知彼，百战不殆。”语出《孙子兵法》，指在进行军事作战时，如果能够了解清楚敌我之间的实际情况，则无论打多少仗都不会被击败。孙子是前秦著名军事家，他的这句话强调了对敌人信息的掌握可以决定战争的成败，是必须要引起足够重视的。

知识是人通过自然和社会实践所获得的认知与经验，而知识水平即指某个人所具备的知识的量和质、广度和深度。它是评价一个人的文化能力的一种客观标准，但还不足以代表这个人的整体性格与素质。

分析知识水平，选择表达方式

人人平等讲的是人的权利与义务的范畴，在人际沟通场合，面对形形色色的人就需要进行判断和归类。因为同样一种事情，对拥有不同知识水平的人可能要使用不同的回话方式，从不同的角度去回答，才能对得上话头。否则，就可能导致对方不知所云，让两个说着同一种语言的人互相不知所以然，那就可笑了。

三国时期，庞统是刘备的军师，号称凤雏，是一位伟大的军事家、战略家。在刘备坐拥了荆州，准备入西川帮刘璋讨伐张鲁时，便面临着如果分兵，由谁领兵的问题。庞统从大局考虑，认为入西川不光是为了帮助刘璋，还应该取而代之。因此，就不宜派出过于强大的将领和兵士，以免对方生疑，而且，荆州本身四面受敌，也需要重兵把守。但是，张飞是闲不住的，对于不让他参与西征的做法感到不满。庞统心想，这张飞没读过什么书，跟他不能讲大局战略便对张飞说道："无论是刘璋还是张鲁，都是弱小的君主，手下也没什么有名气的将军，派黄忠、魏延去足够对付了。让张将军去西川太大材小用了，倒长了他人志气。且将军更身担对抗曹军的重任，应随时准备，不宜乱动。"

庞统在回应张飞的质疑时，合理地根据张飞的认知水平，选用比较能够让对方理解和接受的语言来回答他，让对方恍然大悟、笑逐颜开，达到了劝说和安抚的目的。相反，在和蜀国其他读过书的武将进行解释时，就不妨深入分析前因后果，可以让部将更为深刻地理解本部战略。

定位知识水平，调整话语内容

我们在跟别人讲话时，不管是有心还是无意，总会自然地往自己了解的，自己感兴趣的事情上去扯。排除个别人有卖弄知识之嫌以外，大部分人都是一种习惯使然，是人的一种本性。但是，在说起我们熟悉的事物的时候，要考虑对方的知识水平是否能接受你的言谈，对方的硬件是否支持你的接口。否则，只能是浪费大家的时间和感情。

在一所大学校园里，一位教授古代文学的教授看见食堂的一位师傅在追打一只猫咪。恰巧这位教授很喜欢猫，便赶紧过去制止，问为什么打猫。那位厨师生气地说："那只猫到厨房偷吃的，怎么还不能打了？"教授听了，生气地说道："小动物不懂人情，你也不懂吗？"

接着念念有词地说：“夫仁者，己欲立而立人，己欲达而达人，能近取譬，可谓仁之方也已。”厨师听了，感觉摸不着头脑。这时一位路过的学生赶紧过来解围，说道：“老师的意思是你对猫好，它也会对你好，平时给它点吃的，就不会乱偷东西吃了。”

显然，这位教授并不是为了显示自己的学问才对厨师说文言文，其实就是习惯导致的。平时接触的学生学习的都是本专业的内容，可以无障碍地用文言文交流，也是对教学的一种帮助。可是，他没有把学生和领域外的人区别开来，也闹出了一个小小的笑话。幸亏得到学生解围，才算是收了场。

考察知识水平，及时做出调整

我们在工作环境中也常常会发现，虽然在同一个公司工作，甚至在一个部门内部，每个同事之间的认知力和知识水平都大相径庭。这并不奇怪，现代社会科技日新月异，知识呈爆炸式地增长，知识获取渠道也变得多种多样。这导致人和人之间所接触和了解的事物及概念越来越发散，越来越难以有交集。更不用说不同单位之间的人际沟通了，下面这个例子就鲜明地表现了这个现象。

周平是一家化工品厂的业务代表，他思维敏捷，处事灵活，深得领导的信任。一次，他去上海出差，拜访一家潜在客户，出发前，他联系了该企业的技术经理，并约了具体会谈的时间。可是，计划赶不上变化，等周平到达了上海，该技术经理打电话来歉意万分地告知自己临时有事也出差了，但已经协调了公司副总接待周平。见了面，寒暄过后，周平先试探地给对方介绍了一些产品的规格和参数等，他发现这位副总只是礼节性地点头，可能并不太懂得专业技术这一块。

于是，周平马上调转话题，开始介绍本公司的历史与展望，制度与成就等大的方面。听到这些，这位副总马上来了精神，和周平热烈地探讨起来。最终，会面很成功，不久该企业便下达了第一批订单。

周平在不了解对方真实知识水平的情况下，通过即时的观察和分析，判断对方并不懂技术。并及时依据这个特征，调整了谈话的内容，成功取得了会面的效果，并最终发展成为业务伙伴。由此可见，在回话前了解对方的知识水平是非常有必要的，有时甚至是决定会谈是否有效果的关键因素。当然，了解对方并不是故意要找对方的弱点，乘虚而入欺骗对方。了解的目的仅仅是为了沟通顺利，和见机行事，这和八面玲珑的机巧心理是两回事。

RESPONDING SKILLS

第三章

聆听弦外音，表达称人心

人是需要他人倾听的。在现实层面上，倾听是有效沟通的关键部分，它能够保证准确完整的信息接收，从而合理地做出有效回话；在精神层面上，懂得倾听也是一种修养，是架起友谊的桥梁。在抑制自我的表现意志，为他人留出更多表达的空间之后，获得的不仅是他人的认可和肯定，还有自身心灵的升华。

侧耳倾听胜似开口表达

著名古希腊哲学家苏格拉底曾说：“上帝赐给人类两只耳朵和一只嘴巴，就是让我们少说多听。”在现实中，越认真聆听对方的话语，对方就越喜欢你，因为我们更容易对那些关注自己的人感兴趣。要具备良好的回话技巧，并不是要你有优秀的语言表达能力跟出色的思维逻辑能力，沟通的真谛在于更多地给对方机会去展示才华，我们做好一名听众即可。

当我们翻阅那些描绘成功者的传记时，会发现这些成功者身上的一个共同点，那就是都善于倾听。这种倾听策略也让他们受益匪浅。几乎可以肯定的是：每一个成功者在他的成功之路上，都必然享受着恭听别人说话这一策略的功劳。因此，善于倾听别人说话会让你更快地获得他人的喜爱。

谁都希望有一个他人来倾听

生活在这个快节奏的社会里，人们整日里忙碌于工作、学习与家庭琐事，虽身处熙熙攘攘的城市海洋之中，思想却仿佛一个个孤立的小岛，缺乏沟通和交流。在这种浮躁的氛围下，人人都渴望得到他人的理解与关爱，刷新自身的存在感。

在某部爱情电影里，女主角因为和爱人长期异地而居，思绪得不到排遣，便渐渐地和智能终端产生了情愫。每天醒来第一眼便是拿起手机，给上面的虚拟头像发个消息。每天的生活点滴、时而产生的想法、想要分享的喜怒哀乐都不自主地让她点开那个虚拟空间，跟“他”聊几句。

人与机器，感性与理性的两种存在，他们之间之所以能产生感情，恰恰体现了现代人的孤独和对情感交流的渴望。人类会爱上一个愿意倾听的机器，这体现了人类对倾听的内在需求，即使对方是没有感情的机器人，只要能够静静地听自己诉说，也能够成为一个陪伴者。

某位著名美国学者在他的自传中叙述了一个他亲身经历的小故事。一次，这位学者出席一位名人的晚宴。席间，他一句话也没说，自始至终只是充当了一个聆听者。宴会之后，这位名人却当众赞扬这位美国学者，说他是一个非常善于交谈的人。这个小故事虽然有些讽刺，但却充分地表现了人们内心对聆听者的肯定。

有位作家说：“我们听的不只是话语内容本身的含义，也不只是文字表面的文采，更是一个人发自内心的心声。”无论如何，人们都希望有一位知己或至交来倾听他们的倾诉，理解和分享他们的心声。很多时候，我们会向互相信赖的人倾诉心声，正是因为我们都希望得到别人的关注和关怀。

愿意倾听的人更受别人喜欢

善于倾听别人是一种智慧，是谦虚的态度，是尊重他人的表现。作为思想和意识的主体，每个人都有自己独特的精神特征，都渴望向别人倾诉自己内心的想法，因此，如果你想得到别人的认可，请首先倾听别人的谈话。如果你希望快速地接近对方，并取得对方的好感，那么最佳的方式就是认真倾听对方，而且不要心不在焉。

古时候，一个工匠向皇帝进贡了三个一模一样的金人，皇帝很高兴，但是也有些摸不着头脑，因为这位工匠出了一道难题：问这三个金人到底哪个最有价值？大家都一筹莫展的时候，一位大臣挺身而出，他拿起三根稻草，分别插入三个金人耳朵里。插入第一个金人耳朵的稻草从另一个耳朵出来了；第二个金人的稻草从嘴巴里掉了出来。而第三个金人，稻草进去后直接掉进了肚子。答案便是：第三个金人最值钱！

这说明，少说多听的人最有价值。确实，当代社会竞争激烈，职场上人们每日疲于奔命，时间一久，性情也变得急躁，容易腻烦，甚至别人刚一启齿，还未等对方说清楚，就直接予以否定，然后以十分强势的口气阐述自我观点。这类人往往想通过立竿见影的方式，以雄辩的口才和强势的表达来建立沟通，但这样做的结果，表面上好像到达了目的，事实却得不到别人认同，无法建立真正的沟通，无法让别人喜欢上他。

如果你希望在职场上顺风顺水，希望成为一个充满魅力的沟通高手，那就先做一个善于倾听的人。要想别人对你产生兴趣，那就先尝试对别人感兴趣。倾听别人说话是掌握正确回话技艺的前提和基础。要想做一个让人信赖的人，这是最简单的办法。众所周知，最成功的处世高手，通常也是最佳的倾听者。

肢体语言让倾听者魅力倍增

个人要向他人传达完整的信息，心理学的研究表明：单纯的话语成分只占 7%，声调占 38%，另外的 55% 信息都需要由非语言的体态来传达。因为肢体语言通常是一个人下意识的举动，更为真实可信。显然，每一个向你倾诉的人，也能或多或少感知到你的肢体所传达的言下之意。

据心理学研究：在聆听对方时，大部分的时间要注视着对方的眼睛。听别人讲话时看着对方眼睛才有礼貌。但也要注意节奏，如果一直盯着眼睛不放，也会使对方产生压迫感。因此，“80%”这个尺度是关键，可以灵活地将视线常常上下左右地移动，这样能够保证谈话顺畅自然地进行。头部可朝对方的方向前倾约20度。头部微微前倾表示一种精神投入度，传达出“我对你和你的话题很感兴趣”的潜台词，给对方一种无形的信心和鼓励。

身体语言不会撒谎，会传达你自己和别人的真实想法。音容笑貌、言行举止都能说明一些问题，因为这些都是身体想把某些被动而压抑的情绪表现出来的自然而然的信号。有时候在无意识的状态下，每一个手势、站姿和动作都清晰地传达出自身的真实感受。但我们也不能一味听凭身体的摆布，要合理地控制它，传达正面情感，给讲话人一个愉快的反馈。

社会学家认为，要常常面带微笑。人们看到亲切的笑容，紧皱的眉头就会不知不觉地展开。灿烂的笑容不仅有助于营造轻松、愉快的气氛，让沟通更为自然；还能表达出你的真诚和热情，让对方放下对你的戒备，敞开心扉。不用担心过分违和对方会产生尴尬的局面，不妨在对方提出某些观点时用力点头，这是一种让人感觉温暖的力量，会让对方更加乐于开口，对你的好感也会增加许多。

作为倾听者，要合理地运用身体语言，在选择某种反馈时，既要有所取舍，还要有所变化，力求丰富和多样化，以便更为准确及时地反映出自己的感情状态。

恭听再敬答，顺序勿颠倒

著名记者克莱特一直以来都坚持履行他的座右铭：在听一个人说话的时候，一定要等他把话完全说完。他曾耐心地守在病床前听一位临终者断断续续说话达 34 个小时。他采访过一个老兵，听他情绪激动地连续说话、抱怨达 28 个小时。因此，他的节目一直受到很多观众的青睐和支持。

回话是一门学问，把它运用好了可以达到意想不到的效果。但是，首先我们要明确最基本的步骤：即听话在前，说话在后，先听后说。只有先明白对方的想法，为什么这样想，才有可能正确的回话。先了解了对方的关键点再开口说，才能有的放矢。如果都不知道别人怎么想的就开口说个不停，两人不在一个频道，那试问以后谁还想跟你说话呢？

善于倾听的人情商也不会低

善于倾听的人一般都拥有成熟和冷静的特质，同时也具有一定的耐心。学会如何做一个善于倾听的人，不但可以更多地得到别人的认可和信任，同时也能反过来更清晰地认识自己。

对别人的爱和尊重，有时候就是聆听体现出的力量，等对方把话说完才是最最深情的守候。这也是现代人的一种基本素质，看似平淡如水的聆听，却蕴含着非同一般的智慧。

在当下，人们在谈起自己的孩子时，往往很容易形成“互相攀比”的局面，大家都争先恐后地谈论着自己的孩子。实不知，在‘炫耀’自己时，却对别人谈论孩子的事不予关注，随意打断别人，等于剥夺了对方展示的机会。当你充满母爱地炫耀儿子的聪明时，却很难得到别人的回应。因为，你本身缺少“尊重”，不能等别人把话说完。

老子说：大音希声，大辩若讷。这些话的意思是，真正会说话，会沟通的人表面看上去都很木讷，口才一般。而实际上，他们说话往往稳重而谨慎，言简意赅。这是因为，他们在说话前会先用心聆听、观察和感受，三思而后行。有时，懂得适时讷言，认真聆听才是最好的人际相处之道。

耐心倾听的重要性不言而喻

在我们小时候所接受过的礼节教育里，就有这么一条：别人发言的时候要安静，不要随意打断，不要做无关的事情。可这看似浅显易懂的道理，随着年岁渐长，越来越多的人却开始忘了这条连小朋友都会遵守的规则。

有一篇报道：美国有位高中女生，在学校生活很不如意。她想向别人倾诉，可对方往往听不到两句就烦了，要不就是打断她，要不就是随意下论断。后来，一位著名教育家和她约谈，得知在学校里老师不喜欢她，同学们孤立她。听到这里，像其他人一样，这位教育家觉得问题的根源是这个女学生的性格。但他并没有打断这位女生，于是，她接着说出了父亲抛弃她和母亲，她母亲对所有人抱有戒心，尤其反对她和任何男生来往的来龙去脉。这时，这位教育家才恍然大悟，也不由得感叹，听别人把话说完的重要性。

在生活节奏越来越快的今天，我们也越来越缺乏耐心听别人把话说完。多数人在交谈时，一心只想表达自己的想法，鲜有人乐意当一个安静的听众。人们缺少甘心聆听的境界，往往对方正兴致勃勃地说一件事情时，便突然地插话进来，打乱了对方原想表达的主题，导致双方的谈话都不能尽兴。

夫妻双方的沟通也很容易产生这种误区。一位妻子向丈夫表达最近糟糕的身体状态，抱怨睡眠不好。丈夫立马说："那还不是你自找的，谁让你每天晚上熬夜。"妻子说她白天忙工作，只能在晚上写文章……他立马又打断了她："你对自己身体不负责，这能怪谁？你早点睡不就没事了吗？"妻子试着想多说几句，没找到插话的机会，渐渐的出现了情绪，发了些脾气。丈夫觉得妻子无理取闹："不是你说睡眠不好的吗？我这是在给你出主意啊，怎么你还怒了？"

倾听，是沟通交流的基础。我们在表达自己的时候，应该为对方多留有发言的余地。因为倾听意味着情感的分享和付出，需要部分放弃自己的立场和感受，进入别人的世界。

放下身段，放低姿态，虚心回话

人人都喜欢平等，有谁喜欢高高在上的姿态？换位思考，如果别人高高在上地对你的发言指点江山，你肯定不会舒服。哪怕对方是真心好意，也会让人觉得难以接受。放下身段，才能赢得他人的认同与好感，使双方更容易沟通，更容易让对方从心理上接受自己。

小张是一所重点大学毕业的高材生，去年刚毕业进入一家国企。工作刚开始，正值单位开大会，小张也参加了。在会议上，各个岗位的领导相继发言。会议最后，老总询问在座的意见建议时，小张自告奋勇地做了发言。结果，他的陈述毫不客气，不仅挑了很多业务流程上的问题，甚至对企业架构和人事都做了点评，而且不太注意用词，有些过于尖锐，导致场面非常尴尬。

通常，人们更喜欢表现自我，高姿态地面对其他人，殊不知，低姿态才是更为健康的交流心态。心态放低了，心理的负担也会减轻许多，做事会更为流畅自然，为人处世也是同样的道理。当一个人放低姿态，谦虚低调，就很容易得到他人的认可。

美国著名政治家和科学家本杰明·富兰克林曾说：在约束自我言行时，有一张言行约束检查表。因为有一位朋友曾告诉我，我有些骄傲，并经常在话语中表现出来，使人觉得盛气凌人，难以接受。我很重视这位友人给我的忠告，并相信这足以影响我的发展前途。由此，可见著名人物对谨慎言行的重视程度。

虽然对于很多人来说，放下身段好像很难做到。也正是如此，身份、地位越高的人，越能放低姿态，很容易使人产生钦佩之情。因此，无论你处于什么位置，永远不要忘了表达自己的低调和安分，放低自己的姿态。

听到的东西＝可答的内容

国外有句谚语："用十秒钟的时间讲，用十分钟的时间听。"在现实中，在人们的日常交谈里，听与说是成对出现的对立统一的概念，减少说的时间，增加听的时间，可以收到更好的谈话效果。

听的越多的人自然就会少说，自己少说，对方就会多说，就会流露出更多自身的内心想法。而你，便成了一个冷静的旁观者，更能够掌控局势。

移情聆听，是一种换位思考的智慧。

有效沟通的基础是真正了解对方的想法，你听得越多，听得越详细，越能真正了解对方。移情聆听即站在对方的角度考虑问题，把心放到对方身上，忘我地感受他的喜怒哀乐，酸甜苦辣。这是一种策略，更是一种处事态度，是"知彼解己"的关键。

进入对方的心灵不是那么容易，但还是有章可循的。在聆听对方的话语时，试着重复他话语的最后几个字，作为回应：他不来看我……又下雨了……要到期了……等等，这会让对方感受到，你在尝试进入他的世界；然后，可以再用自己的语言，重复他的表述：我猜你现在……你现在感觉是……你是不是在说……等等，这会让他感受到，你开始理解他了；再然后，你可以呼应他的情绪：确实很痛苦……你很生气了……你很担忧……等等。

移情倾听是指一个人通过换位思考，设身处地地尝试理解另一个人言语的真实意图以及感情，并将他的理解反馈给说话人。我们要向对方表达已听懂讲话的内容、意图、情感和深层含义。当对方了解到我们已真正听懂了，而且不作否定性评价时，会更信任我们，更容易向我们敞开心扉。

耐心聆听，充分获取对方信息

另一个普遍容易发生的问题是思维的偏移。正常情况下，大多数人的听话的速度数倍于说话的速度。正像我们周围常常发生的那样，对方一句话还没有说完，收听者已经判断地八九不离十了。但是，这样也容易导致听者判断时产生偏离。要避免这种偏离，就要耐心地刻意放慢自己的收听速度，和说话人保持一致，直到接受到所有信息。

想要获得对方完整而连贯的信息，首先要让对方把话完整地表达。这个过程中，任何的插话、打断等行为，不仅会令对方不快，也不利于信息的获取。而且，应集中注意力，如果你因为走神而忽略了对方某个关键点，就有可能导致对信息收集地不充分。所以，在听对方说话的时候要力求专注，就像做数学题一样。当对方完整地传达了他的信息以后，你可以着重对部分内容进行复述，一方面确认信息的准确性，另一方面让他觉得你是一个有逻辑思维能力的人。

打断对方的讲话是影响双方沟通的主要问题。当你这么做的时候，如果留神看看对方的反应，通常会发现一些不利的苗头。打断对方即意味着你对他或他的言谈不够关注，或者表明你没有耐心听人讲话。只有在出现明显的需要澄清的地方时，才可以寻找合适空隙，礼貌轻声地打断对方。例如，对于某些名词性的话语没有听清楚或者出现歧义，就应该及时地问清楚，这样更能够显示你对对方的重视。

职场中，很多聪明人总是学会多听别人说，不轻易地透露自己的看法。他们一般都有有一种很好的习惯，就是先让别人把话说完，慢慢斟酌后，再说出自己的看法。其实在别人说话时，他们脑海里也在不断分析和处理这些话语信息，总结和权衡这些观点，最后再给出自己的反馈。

有些时候，对方的话语不是总那么有营养，有时候内容或者是我们不感兴趣，或者是对方喋喋不休拉家常。无论如何，出于礼貌，我们都不要打断对方，保持冷静地听对方说即可。顺应对方的谈话方向，适时做出回应，可以拉近关系，让对方开心。

慢些回话，留给对方充分空间

当你不同意对方话语的时候，你或许会急不可耐地立刻插嘴，但一般不要那样做，那时会有沟通失败的危险。当对方意兴盎然地还有很多意见要向你发表时，他不会给你留很多时间来表达。所以，你必须要克服自己的表现意志，怀着坚定信念和舒畅的心情，静静地听着，而且用最诚恳的态度鼓励他把话完全说完。

一次，一位女生去早餐店买豆浆，她对老板说："我只要半杯豆浆。"早餐店老板一听马上就不高兴了，说："豆浆一杯才那点钱，半杯还不够纸杯钱呢，怎么卖给你啊？"那女生连忙解释说："因为我一杯喝不完……"老板不等她说完，便自顾自地一顿说教："哪有那么会算计的，才这么点钱还算，喝不完是你的事，我只卖一杯的。"说了半天，好不容易女生才委屈地说出话来："老板，我不是想省钱，钱还是照付一杯的，我只是怕浪费而已。"这场面确实有些尴尬。

深度聆听需要极大的自制力，需要克服自身的原始意志，尤其是当你听到一些让自己反感的东西的时候更应如此。多数人一边听别人说话时一边在心里盘算着自己的应答策略，这样你很难听懂对方的话外之音。要做到专注，就必须先放下自己，通过确认所听到的真实内容与对方达成共鸣的理想状态。

大部分时候，我们的出发点都是好的。都希望能够把事情做好，但往往在还没有表现出我们所要做事的初衷的时候，就被容易妄自判断别人的人所误解。比如，上班迟到的同事，被老板撞见，不分青红皂白便一顿训斥。事后才发现，这位同事是考虑为公事优先，而自愿放弃了自己的考勤。这样的误解不仅场面尴尬，还很伤人心。

总而言之，当一个好的沟通者，首先要学会倾听。学会引导对方把心里话和盘托出，才能达成有效聆听的效果。并根据对方话语的内涵，进行相应的有效回话。如此一来，对方和你在一起体验了舒服、愉快的交流过程，就会在脑海里留下深刻印象。

倾听多有效，回复多有效

某位哲学家曾说过：倾听的耳朵是虔诚的，倾听的心灵是敏感的。有了一双愿意倾听的耳朵和一颗愿意倾听的心，你才会拥有忠实的朋友。

有效倾听不是要求倾听人放弃自身立场，或假装接受和理解对方的观点和思想。而是一种不急于辩驳的谈话态度，一种耐心而有效的理解对方叙述或意思表达的策略。对沟通者来说，自身的良好语言表达能力固然重要，但能做到有效倾听也是必不可少的前提。尤其是出现比较原则性的分歧时，更应该保持冷静，不匆忙做出反馈，而应继续听完整对方的叙述。

有效倾听考验的是你的专注度

有效倾听的定义是：在对话过程中，把感观接受、主观感情和智力分析相结合，寻求其话语内涵的过程。换言之，用于聆听的感官不仅是耳朵，还应有眼睛、脑和心。

一天晚上，小华的妈妈忙完了繁琐的工作和家务，终于可以躺到沙发上休息一会，看会儿手机。这时候，7岁的小华拿了一本画书，想给妈妈分享精彩的故事。妈妈看了看，心不在焉地附和了一下，眼睛就又回到手机上了。小华还是缠着妈妈，希望她能分出一些注意力在他这里，但是妈妈只是敷衍地看了看小华的书，称赞了几句。小华看到妈妈心思不在他的书上，便闷闷不乐地走开了。小华的妈妈便是一个明显只用耳朵、没有用心去听的例子。

在聆听别人说话的时候，不能只是一种“物理”状态地听，左耳进右耳出是没有效果的。要用脑去揣摩对方的想法，并要观察他人的表情。有时候我们不经意说了令人反感的话，对方没有直接反驳，不代表对方不在意。这个时候需要留神观察对方的反应，一个小小的思维表情都能透露他的本意。一个只知道乱说，口无遮拦的人，谁会愿意继续与你交流呢？

在和客户交流时，需要不时地用自己的话重述一下你的理解，让潜在客户检查你理解的正误。在某种情况下，当你和潜在客户的意见相左而又必须接受其观点时，这时候需要格外认真地听他表述。只有经常这样做，才能知道自己何时表达质疑比较合适。同时，还要常常提醒自己是否夸大了某些沟通的正面效果，事实却远非如此。如果你对客户某些谈话感到厌烦，这时却恰恰要集中注意力，因为往往很多重要信息都隐藏在其中。

当你真正懂得了有效倾听以后，你也就可以设身处地地明白作为倾诉者可能会犯的毛病，推己及人，可以避免让你的倾听者难受，获得更为流畅自然的交流。

与对方“共情”，感同身受的交流

心不在焉地听和专心致志地听，对于倾诉者来说，他们绝对是能够体会到两种截然不同的谈话感受。因此，要合理地通过共情的方式去和对方保持同步，比如：保持视线的接触，上身前倾靠近说话人，不时地点头和微笑，让对方从内心感受到你是真的对他将要诉说的内容感兴趣，对方才会有继续说下去的欲望。

从一篇日记中也可窥见一斑：晚上刚吃完饭，一阵紧急的敲门声中，侄女魂不守舍地闯入我家，进门便说：“这日子，没法过了。”刚说完，泪水夺眶而出。我赶忙让她坐下慢慢说。她一边哭一边诉说着和她老公从认识到结婚，从热烈到淡漠。在这个过程里，我没有多说什么话，只是默默地给她递纸巾，给她递茶水，与她分享她的“苦日子”。渐渐地，她感觉好些了。我问她，现在感觉咋样，她有些回过味来地说，其实不是什么大问题，日子还得过嘛。吐了吐舌头，便没事了。

有效倾听就是要随时注意对方谈话的重点，要与对方“感同身受”，不将自己的价值观强加给对方。要尽量接纳对方的谈话内容和情感，这样会让说话者感觉受到了尊重，可以培养自然流畅的气氛，有助于彼此交换意见，使沟通更为融洽。

有效回答所要表达的是诚意

我们在听别人说话时，往往心口不一，为了迎合对方，嘴上说一些积极回应的话，比如：“对的”，“明白了”等。如果这些回应是发自内心的，说明你在认真地对待客户。如果不是，那么客户往往可以感觉到，并直接会对你失去信任。

举个经常会出现的例子：顾客发问：“老顾客也没有优惠吗？”当老顾客提出优惠的时候，我们不宜生硬地直接拒绝。有些销售人员会简单地说：“您是老顾客更应该知道这里不能优惠！”虽然是实话，但显得很敷衍，没有为顾客着想。这样就把顾客给打击了，老顾客就会想：“我来这么多次了，难道我不知道不能优惠吗？”正确的应对是应该让顾客看到你待客的诚意，至少把面子给顾客，可以这么说：“感谢您一直以来的照顾，能结识您这样的顾客，我感到荣幸，只是我确实没这么大的权利，要不您下次来，如果有赠品的话，我申请一下，给您多留一个。”

为了让顾客感受到你的理解，应该将顾客的讲话做一个概况性的总结，这是给予顾客积极反馈的关键方面。它不仅表明你确实在认真听对方说话，也为对方提供了一个帮助你澄清可能产生的误解的机会。

顾客有时候会说：“我认识你们老板，便宜点吧。”这么说的人呢，可能并一定真的认识，或者只是一面之缘而已。这时，也应该把面子给顾客，可以说："能接待老板的朋友，我很荣幸。"然后转折："只是，目前生意一般，您来店里买东西这事，我一定转达给他，让我们老板对您表示感谢！"

所以说到底什么才是回话的精髓，难道是设定好的标准和生搬硬套吗？机械化的回话，不如真诚地与谈话者交心，进行走心的沟通与交流！在服务中的沟通最重要的就是客户满意度，但也不是漫无原则地满足，关键是，即使在不符合原则的情况下，如何能处理得让他满意，和谐而融洽。

给人机会说话，自己耐心听话

某位先哲说过：假如你想树敌，只要处处压过他、超过他就行了；可是，假如你想赢取朋友，就必须让朋友超越你。

因此，如果我们想要结交更多的朋友，就让我们谦虚低调地对待周围的人，多鼓励别人畅谈他们自己，而不是喋喋不休地自夸自擂。每个人都希望有存在感，都渴望得到别人的重视、关心。那么，多牺牲一点点，让别人得到愉快的体验，何乐而不为？

给人机会展现他的内心世界

通常来说，人们说太多话，就是希望别人赞同和接受自己的观点。推销员或是应聘者为了达成目的，想竭尽全力说服对方，更容易犯这个毛病。正确的做法是，应该让对方尽量说出他自己的意见来，顾客或业主当然更了解自身的需求和问题，他们比任何人都更了解状况。所以，不妨多问一些问题，让他告诉你正确的信息和销售策略。

纽约一家著名出版社刊登出一则广告，聘任一名有特殊能力的、有经验的人员。乔治便发出了应征信，不久，他收到了面试邀请。在前往面试之前，乔治花了大工夫到处打听这家机构老总的背景信息和生平事迹。面试的时候，乔治不失时机地根据之前掌握的信息提出问题，问这位老总白手起家的艰辛过往。这正是这位老总感兴趣的话题，便滔滔不绝地将其了他从创业，到克服困难，到成功的整个过程。随后，他直接聘任了乔治，他认为乔治就是那位有特殊能力的、有经验的人员。

其实，乔治的成功即保持谦逊，并把展现的机会给别人。因为你我终究都是普通人，百年之后，都将为人所遗忘。生命是短促的，别把自身不值一提的成就，作为谈话的资本，令人听了厌烦。因此，我们要鼓励别人多说话。

沟通是要学会适时闭口的功课

在某些机会和利益面前，人们往往过于关注自身的得失而争先恐后地想要表现自我，去尽力为自己争取先机，可是，这往往事与愿违，物极必反。

有一次，一位年轻人前往拜访哲学家苏格拉底，希望向其请教如何提升演讲技巧的方法。为表现自己出色的口才，他一见到苏格拉底，不等老师发话，他便径自滔滔不绝地做起了演讲。苏格拉底一直沉默着，什么也没说。等到年轻人结束了他的演讲，苏格拉底要求收取双倍的学费。年轻人很诧异地问为什么，苏格拉底说："因为你需要学习两门功课，一门课是怎样闭口，另一门才是怎样开口。"

人在职场时，总要跟形形色色的人来往打交道，那么，会说话的人注定受到更多欢迎。聪明人在说话之前一定先进行思考，先站在其他同事的角度进行判断。并且，掌握好说话的时间和时机，语言运用也会较为得体。

来自美国的著名节目主持人莱瑞，经常采访国际名人，世界名流，甚至国家领导人等。正常来说，这么出色的主持人应该能言善辩的。但是，按他自己的说法，倾听比发言更为重要。他也讲自己的成功归因于："我喜欢倾听，我从未在说话的时候学到过知识。"

作为有思想的人类，绝不能让自己的嘴巴超越脑子。因此，要懂得倾听，把说话的机会多留给别人。倾听的过程就是我们提升自我的过程，这个过程包括了感知，分析，处理和融合。在进行反馈时，不是通过话语，而是用更为自然的肢体语言，比如：热切的目光，热情的微笑，来表达我们内心对他人的认同和理解。

让人有机会说话是沟通的基础

无论在什么样的场合，什么样的社交圈子里，形形色色的人都各有各的想法。他们为了达成某种目的，或者仅仅为了享受表达本身的快乐，都需要其他人为他们留出一定的空间和时间。

马可家里的晚宴邀请了很多朋友。这次，一位女士特别活跃。晚饭还没开始，她便开始逐个和其他客人进行攀谈："你好，你说你家是哪儿的来着？"在客人还没有来得及回答她时，她又迫不及待地开始自说自话："那个地方我去过，那里的饭菜……"客人们虽然不喜欢听她无穷无尽的唠叨，但是还是保持着礼节，礼貌客气地听她说话。但从那以后，这位女士再也没有出现在马可家的晚宴上。

在特定的空间下，每个人的谈话时间都是有限定的，如果你愿意为别人多让出一点表达的余地，那自然会给别人心里留下更多好的印象。

有一次，孔子路过厨房，发现负责煮饭的学生正自己在偷偷吃粥。他很生气，但还是克制住了，询问他在做什么。学生赶紧解释："刚才煮粥的时候，不小心进了一些脏物，本来想把那些被弄污的粥扔掉，但想起老师您教导我们的一粥一饭来之不易，我才坚持要把它们吃到肚子里。"听到这里，孔子庆幸自己没有过早的发怒，还公开赞扬了这位弟子。

这里，不妨用一个简单的定量标准来控制自己的回话节奏：说话之前先数十个数，在这个过程中，无论给对方，还是给自己，都留下了更多的避免误解的空间。不要小看这个十个数字的潜力，它不仅能够自然的化解很多尴尬的局面，还能帮你树立更为良好的形象。

RESPONDING SKILLS

第四章

表达多用心，打动他人心

世界上的每个人都拥有一颗独特的心灵，因为独特而相对孤单，都渴望着他人的理解。而人际沟通过程，是需要建立在互相理解的基础上的。要打破人与人之间的隔阂，就需要主动地、设身处地地进入他人的世界，去观察他人的思想观念、性格特征、精神品味等特点，抓住对方的“心”，才有和对方的心达成共鸣，做出有效的回话。

善于“抓心”，重于泰山

孟子曰：“得人心者得天下。”孟子是一位哲学家，他的这句话是针对治国安邦提出的。后人继而演绎其内涵，将它应用到人际沟通领域。意为，想要得到对方的支持，必须首先理解别人。在理解的基础上，依据对方的心理特征、性格喜好来调整自身的沟通策略。

知己知彼，百战百胜。人们对自身的了解往往远多于对别人的了解，在世界越来越多元化的今天，各种思潮涌动，人们的心理特征也趋向于离散型的发展。因此，在人际间进行沟通的过程中，用自己的标准衡量对方的所思所想，是难以行得通的。只有知道对方的想法，善于“抓心”，才能和他聊到一个频道里去，真正起到沟通的效果。

洞悉对方性格，定制沟通策略

人的性格除了遗传因素以外，一般是在少年儿童时期的成长过程中，慢慢接受周围的人和事的影响，逐渐形成起来的观念体系。人的成长过程曲折反复，外界环境纷繁复杂，这就决定了人与人之间普遍存在着性格差异。性格的分类也多种多样的，一般来说都可以归纳为内向和外向两种。在和外向的人沟通时，可以表现得风风火火，直截了当，反之亦然。

小王刚大学毕业，来到一家公司做行政文员。一次，领导安排他去接待一位远道来参观的客户。为了表现出热情好客，小王见了客户便像对待亲人一样忙里忙外地对待，嘴里一刻也不停地嘘寒问暖。殊不知客户除了旅途疲惫，性格上还比较内敛，是一位喜欢安静的人，此时正需要静一静休息。于是，客户刚开始就对小王产生了不好的印象。这还没完，小王为了让客户尽兴，在饭后又带着他，还拉着一群同事一起去 KTV 唱歌。结果，客户一直闷闷不乐地坐在那里，煎熬地等着聚会结束。最终，客户没有继续选择和小王的公司合作下去，公司失去了一个重要伙伴。

“物以类聚，人以群分。”人们总是倾向于和自己性格、观念相似的人一起聊天、一起做事、一起生活。上个例子里，小王没有仔细观察客户的性格特征，主观地替客户安排日程方案，一味按自身想法行事，是不善于抓心的典型。

三国时候蜀国的丞相诸葛亮是善于读心的人，在驾驭手下武将的时候，除了直接下命令，他还喜欢采取侧面的“激将法”。比如在准备某场艰巨的攻坚战之前，诸葛亮根据关羽、张飞性格中桀骜不驯、狂放不羁的特点，故意长敌人威风，假装说担心关羽、张飞不是对手。这反而更加激发了他们的斗志，打仗时更为用命。

善于抓心的人喜欢站在他人的立场来进行沟通，洞悉对方的性格，巧妙地运用其心理特征来获得别人的精神共鸣。当对方发现你们的观念相似，性格相投，自然就会放下心理戒备，更为投入地和你交流，使沟通效果更为理想。

了解对方内心，关心细枝末节

人和人之间性格的大相径庭，决定了每个人看问题，看世界的角度是不同的。不管是一个学富五车、思想深刻的学者，还是辛苦劳动、默默无闻的工人，在他们的本职工作、日常生活之外，内心深处必定有着他们独特的关注点和特别的兴趣爱好。

在经典电影《公民凯恩》里，凯恩是一位富可敌国的资本家，他一生风光无限。而在他临死时，身边没有亲人，也没有留遗言，只说了一句“玫瑰花蕾”便撒手人寰了。于是，人们纷纷猜测其中含义，还有人悬赏调查背后内幕。最终，在处理其遗产时，发现一副小雪橇，凯恩在童年时期用它滑雪，雪橇背后写着“玫瑰花蕾”几个字。

随着年龄的增长，人的内在和表象慢慢地走向背离，人身上表现的出的东西不一定是他真正关心的，真正喜欢的，真正爱的。只有从侧面认真观察，不放过一些蛛丝马迹的提示，才有可能真正了解一个人的想法，走进他的内心世界。

正如某哲学家说过的：“世界上没有两片相同的叶子。”每个人的内心世界都是相对孤单的，都在等待着另一个善解人意的心灵来解读。在和别人交流时，要留心去观察，恰当地发现他的秘密，成为他的知己。

考虑对方背景，主动适应他人

人在职场上，在生活中与人打交道，免不了遇到来自不同地方，甚至不同国家的人。他们可能有着不同的文化背景，不同的风俗传统。在回话时，如果不注意这些区别，仍根据自身的习惯来待人接物，就有可能引起对方的不快甚至纠纷。

小唐在接待来自广东的客户朋友时，特地选择了北京有名的粤菜饭店。在席间，小唐说了几句临时学来的粤语，让气氛活跃了很多。虽然不够标准，但让客户有了宾至如归的感觉，连连夸奖小唐做事用心。下午的时候，小唐还特地根据广东人的习惯安排了下午茶。客户很满意小唐设身处地地为他们着想，并同意追加一批订单。

所以，只要有心，就不怕找不到适合对方的攻心点。不管是性格，喜好，还是文化背景，都会侧面地从他们的言谈举止、音容笑貌中体现出来。无论怎么掩饰，人的身体语言常常盖不住内心的想法，在下一节会详细地说到。

勤看脸色表情，体会胸中感情

语言交流学者在上世纪70年代开始热衷于对语言交流语境的研究，语境即言语交谈之外的相关影响因素。其中，对身体语言的区分和影响程度的研究占了重要篇幅。这说明，为了更好地取得沟通效果，除了话语本身，还要关注身体传达出的信息，也称之为“无声的语言”。

根据情绪变化，调整回话策略

人是情感的动物，人人都有喜怒哀乐，也都曾经历过情绪不稳定的时候。我们不能保证每一个和我们交流的人都处于非常良好的情绪状态里，但至少可以通过留心观察对方的心情状况，合理地对回话尺度做出控制。有的人不太注重别人的心理变化，一味地按照自己的方式去说话，就很容易撞到枪口上，不仅会使交流过程失败，还可能导致更坏的结果。

杨修是三国时期魏国的谋士，人很聪明，常常能看到一般人看不到的小细节。“一人一口酥”的故事是大家耳熟能详的，曹操当时没有发作，但已经在心中埋下了厌恶的伏笔。汉中之战时，曹操出师不利，正在郁郁不快之时，杨修偏偏就在这时撞到了枪口上，担当了出气筒的角色。他冒然将“鸡肋”当成撤退的军令发出，让军心产生动摇，也让心情糟糕的曹操找到了除掉他的理由，随后便被处以极刑。

在这个例子里，如此洞察细微、智商超群的杨修，竟然对其主公的情绪变化视而不见，忽略了最为关键的方面，这种强烈对比所产生的讽刺感让人不由得为之唏嘘不已。这说明，在和领导交谈时，留意其情绪变化是很重要。

当领导问你：“你现在有空吗？”的时候，往往不是一句简单的问话，它的含义超越了字面意思。领导这样问可能表达了，对你目前工作饱和度的质疑，或是对你工作态度的不满意，或是故意考察你怎么回话。因为，如果回答有空，说明你确实很闲；如果说没空，说明你有态度问题。正确的回答应该是：“最近挺忙的，一直加班。但是请您先说您的事，做事的优先级我是清楚的。”

在职场，领导的心思难以捉摸，其实也是一种驭人手段。这种神秘感可以让员工时常处于一种不确定的心理状态下，领导不被员工看透，也就能更好地管理他们。因此，我们要做的，是尽量看透，但不说透，根据自己看懂的东西，做好自己的应对措施就可以了。

观察表情特征，分析对方心理

人的内在思想虽然隐秘，却不是完全无法推理的。人的性格、心理以及他和你说话时的内心变化等都可以或多或少地通过其表情、站姿、举止等行为细节推导出来。因此，在面对不熟悉的人的时候，我们要大脑高速运转，快速地扫描对方身上那些可能透露信息的地方，进行综合处理以后，得出对这个人的初步判断。这样，在进行接下来的话语沟通时，就不至于跑偏太多了。

一个人在说话时，如果声音柔和，语调柔软，说明这个人较好相处；如果音调坚定，说明做事比较雷厉风行。在站姿上，挺胸抬头，喜欢背着手的人，往往比较要强，喜欢把控局势；喜欢含胸低头，双手插在口袋里的人，做事比较谨慎，为人较为低调。穿着上，穿着正统的人比较稳重和传统，穿着随意的人比较随和、自然。

除了在互动过程中体现出的对方的心理动态，客观的体态和举止特征等也具有参考的意义。它们都默默地表达着主人的精神品味、心智层次、观念模式，等等。人们对于表情运用的依赖也体现在网络聊天过程中，除了打字以外，人们倾向于用表情包来表达自己的情感，有时甚至比文字本身还要传神、切意。这侧面反映了表情之于文字在传达信息上的补充作用，要求我们更为重视对它的捕捉和分析。

抓住眼神核心，给予特殊关注

眼睛是心灵的窗户，美国哲学家爱默生认为：“眼睛比嘴巴表达的东西更多，甚至不需要话语。”观察对方的眼神，如果游离不定，说明心中可能有一些事情不确定，或者对和你目前的谈话不太感兴趣；如果眼神专注，目光如炬，说明内心关注点比较集中，对和你的聊天比较感兴趣。

在职场中，眼神的把握对和谐同事关系起到重要作用：首先当同事和你主动沟通工作事宜时，眼神要尽量盯着对方，显示出对对方的尊重和对此事的关注。切忌东张西望，这样可能影响对方的说话意愿。第二，在狭小的空间里，比如电梯里，应避开眼神交流。尤其对女同事，长时间盯着会让她感觉不舒服。第三，在熟悉的同事之间，眼神交流就可以随意自然一些，甚至不需要交流。

留心捕捉同事的眼神信息，并主动通过自身的眼神交流来辅助沟通，可以起到事半功倍的效果。同时，合理的结合对其他身体语言的判断和分析，包括表情、体态、穿着和站姿等，并回之以合适的体态语言信息，可以让沟通的过程和效果更为立体，更为生动。

投其所好，回得高妙

逢山开路，遇水架桥。同样，遇到不同的人也要根据他的喜好制定沟通策略，要投其所好。这里，并不是单单曲意逢迎，还是为了在精神上和沟通对象产生交集，让沟通过程顺畅地进行下去，得到双赢的局面。

每一个人都有某个方面的兴趣。兴趣可分为两种：一种是对有关系的事物的兴趣，一种是对无关系的事物的兴趣。 所谓有关系的事物，是指你和别人共同发生兴趣的事物。利用这种兴趣，常常可以在彼此之间建立良好的关系。

找准兴趣，顺其自然进入话题

人们喜欢谈论自己喜欢的话题，这是毫无疑问的。我们作为积极的沟通参与者，还要积极地把话题引导到对方感兴趣的点上，主动让交谈进入热烈的气氛中。这会让对方感到相见恨晚，找到了人生的知己。这样，如果你有什么事情和对方有关的，便可以顺理成章地推进了。在判断兴趣点上，有一些基本标准，比如老人爱回忆过去的成就，技术人员爱谈专业强项，女性爱谈丈夫子女等。当合理地对他们分门别类，对号入座之后，我们的正确话题也就出现了。

如果恰好能够和沟通对象有着相似的爱好，那么，你们关心的话题也必然有一些重叠的区域。如果不能，也不是不可以弥补。在确定了对方的一些关注领域以后，比如喜爱阅读特定类型书籍或喜欢听某种形式的音乐。我们可以主动去接触这类材料，慢慢地去理解。磨刀不误砍柴工，付出总会得到回报。

一位顾客到书画店里买一些书法用品。这时，一位店员正在维修他的电脑。顾客在买好东西以后，便和店员聊起了传统书画的一些话题。恰好，这个会修电脑的店员，也是一位书法爱好者。于是，两人就一来一往的聊了起来。正好这个顾客的电脑也有些问题，店员热情主动要求帮顾客修理电脑，解决了顾客的一个心头之患。

根据一位美国社会学家的研究表明：美国大学里的学生，在选择朋友时，几乎都倾向于和自身态度、观念相似的人。这里的相似，不是认识以后逐渐同化的相似，而是与生俱来的相似。看来，这也符合物以类聚，人以群分的道理。

锁定特长，多提对方骄傲所在

通常，我们在沟通中受阻的时候，可以尝试从对方最想表达的话题入手，一般来说，这个话题应该是能够联系到他的骄傲的方面。

小张因业务关系去拜访一位老总，刚开始，进行得不是那么顺利。业务流程的一些方面出现问题，而且，这位老总对小张的态度也不是那么热情。小张看到局势被动，便多方打听，了解到这位老总的儿子是个学霸，是家里的骄傲，小张马上发现了突破口。这次，他又来找老总约谈，看似不经意地扯到了孩子上学这件事上，于是，老总打开了话匣子，滔滔不绝地夸耀起自己的儿子来。最终，老总心满意足，也爽快地帮小张完成了业务流程。

无论是学富五车的人，还是默默无闻的人，他们都有一颗类似的内心。抓住这个人性的特点，我们适当加以引导，还愁对方不乐意跟我们交流吗？当然，引导沟通对象进入令其骄傲的话题，也不是漫无边际地吹捧和抬高对方。那样的话，一方面对方在内心里并不买账，另一方面，也降低了自身的层次。

投其所好，让高妙的语言生威

在处理和客户关系的时候，不会总能一帆风顺。在遇到问题的时候，需要灵活地根据事态具体情况具体应对。这里的原则，就是从客户心理出发，投其所好。同样的商品，用按部就班的销售用语，和有针对性的、投其所好的销售用语，产生的效果是截然不同的。

比如，当你去商场里买东西，在看上某款衣服以后，销售员如果告诉你：就剩这一件了。这很容易让你产生这件是别人剩下的印象。或者说，可能很多人试过，会有些嫌弃。可是，如果换一种说法："这件衣服卖得太好了，只有这一件了。"那么，产生的效果就不一样了。顾客会觉得自己来得真及时，会想立马把它买下。这就是投顾客心理所好的销售策略。

把握客户的心理，需要换位思考，站在顾客的角度考虑问题，明确客户真正想要什么，再合理地做出发言。

有一次，一趟开往南亚的航班上，因为华人较多，大多数人选择了中餐，很快就要供应不上了。这时，如果还按部就班的和以前一样地询问客人，要西餐还是中餐，那么肯定不能满足所有人的要求，会引起客人的抱怨。这时，这位空姐灵机一动，说道："现在还有两种套餐，一种是特供南极虾海鲜套餐，一种是普通中餐。"同样的东西，经过这么一说，大家不约而同地选择了西餐，解决了燃眉之急。

当然，投其所好并不代表毫无原则地欺骗客户，或是误导客户。投其所好是在合适的范围的，适当地疏通和引导客户的选择，让双方都能取得较为满意的结果。

找准共同点，锁定切入点

孔子说："道不同，不相为谋"；又所谓"人各有志，不能强勉"。这两句话意思相近，字面上是指不同路的人无法在一起谋划。而在现实中，特指观念、性格或兴趣不一致的人，无法达成有效的沟通。

在沟通的过程中，想让对方重视自己，把自己放在心中的显眼位置，最为直截了当的方法就是给彼此找一个共同点。通过交流一些共同感兴趣的，或是类似经历的话题，能够更为深入地走进对方的内心。

定位共同点，让话题自然切入

当和一些人聊不到一起的时候，我们经常自我解嘲地说，不在一个频道上。当双方主动地调到一个相似认知角度的时候，即以相互的角度看问题的时候，频率的同步便开始了。因此，沟通双方应主动地寻找对方身上和自己共通的地方。当共通、交叉的领域越来越多时，有效沟通的可能性也越来越大。因此，把频率和对方调成同步是首要的。

一组由心理学家进行的科学研究表明，条件、性格、观念相似的人群更容易建立亲密友好的伙伴关系。他们将参考人群分为两组，其中一组里的人拥有较为近似的条件和背景，而另一组的人差异较大，然后分别让他们住在一个相对封闭的室内。经过一段时间后，拥有近似条件的人群相处得更为融洽和亲密，建立了良好的伙伴关系，而另一组人群则彼此之间较为生疏、冷漠，很难成为朋友。

确实如孔子所说，如果彼此之间没有共同的志趣和观念，就很难在一起建立友谊。其实，这种相似人格的吸引力，终究还是来自于人们对自我肯定的倾向，人们更为相信的还是自我。因而，人们在人际交往过程中更容易和符合自身理念的人打交道。但是，也不要被这个藩篱所吓倒，人的特质是丰富多彩的，从各种不同的视角，总能找到一些相似之处。

比如，一位大学教授和一位普通的清洁工人，乍一看好像没有任何交集，一个来自闪着光环的象牙塔，一个只是默默无闻的服务者。但是，如果换一个标准去衡量他们，也不排除发现共同点的可能性。比如，他们的孩子可能都正在紧张地准备高考，那么他们就可以互相分享一些对孩子刻苦努力过程的担心；他们也可能都热衷于某种体育赛事，对某位体育明星有着特别的关注，这些都可以成为沟通的基础信息。

大多数情况下，我们刚开始很难找到契合点，是源于我们同陌生人交流时的恐惧感。那种未知的不确定性，往往成为我们裹足不前的羁绊。因此，首先要克服的，其实是我们自己的社交心魔。突破这层纸，更为积极主动地与人交往，才是我们要迈出的第一步。

从共同到认同，达成统一战线

从找出共同点，到互相达成一种认同感，是相互间关系前进的一大步，这也形成一种良性循环。认同可以让两个人心灵相通，同时认同本身又在促进着双方沟通的积极性。这样，这两个因素，理性的沟通技巧和感性的内心动力便有机地结合在一起，相辅相成，互为因果，加速着双方关系的递进。

火车上，男女两人相对而坐，互相之间有一些好感，却碍于面子不好先开口。这时，女孩拿出一本书看了起来，封面上写着《罪与罚》。男孩马上像发现了新大陆，直接问道：“你也喜欢陀思妥耶夫斯基啊。”于是，沿着这个线索，两个人顺其自然地交谈了下去，最终走到了一起。

从找出共同点到互相认同，基本实现了交流的第一步。但是，不能仅仅满足于偶然的成功。要善于总结，从成功的表面现象发现过程的本质，从试探性的探索走向对规律的概括，并把它们真正吸收，成为自身的本能。

一次，小王坐在熟悉的公交路线上，漫不经心地看着周围。突然，她发现邻座的女士拿着一个带有家乡特色的工艺品，便与对方攀谈起来。惊喜地发现，她们正是来自一个地方。还没到站的时候，两人已经互相加了好友，成为朋友了。这种偶然的相遇和相识，看似是命运，其实都个人对共同点积极把握的结果。

总而言之，很多方法都可以用来寻找共同点。如果你作为一个业务员，能够发现和客户之间的些许共同之处，并延展开来，就能够更为顺利地推进业务进度。当然，在寻求共同点的时候也不能过于刻意，对一些陌生领域不能不懂装懂，如果被对方发现，产生的负面影响会更严重。

基于认同切入交谈，成为知己

建立认同的过程最好是自然而然的，最好不要刻意为之，因为在对方熟悉而又敏感的领域，是很容易觉察到你的动机的。因此，对共同点的定位也要有所选择，最好是具有一定的内涵和深度，这样，能够同时建立自身的人格魅力。

一次，老王乘坐长途车去外地出差，因天气和路面原因，车辆发生了故障，驾驶员半天也找不出问题所在。这时，车上一个人给出了建议，一会儿就把故障排除了，车子得以继续前行。老王觉得此人可能是在部队学到的修理知识。便和对方攀谈，果然是当兵回来的战友。于是，两人建立了朋友关系，这位战友还成了老王的客户。

在沟通过程中，有时候双方难免产生分歧和争论，这时，如果仅仅把关注点放在所争执的事情上，只会让问题更为僵化，难以真正解决。这时候，如果能回过头来回顾一下双方在某些问题上的略同，就能一定程度上缓和气氛。

小明是一所重点大学法律专业的学生。一次，他去导师家聚餐，正巧导师的一个在法院工作的朋友也来了。席间聊天的时候，小明从对方的话语里感觉到，对方很关注社会风气的问题。他便有意发出了感叹，谈到现在社会上存在的道德风尚问题，这立马就吸引了这位法院工作人员的注意力，同小明热烈地讨论起来。两人也成为了好朋友。

总之，沟通双方的共同点可以拉近两人的心理距离，大大增加成功沟通的机会。因为你们的共同之处正是心灵上的共鸣点，深入人心。在这种状态下，你们建立的不光是朋友的关系，也会进一步成为知己。

表达诚心，消除戒心

著名社会学家富兰克林曾说："坦诚是最明智的策略。"与其费尽心机，处心积虑地戴上面具去接近别人，继而被人识破遭到唾弃；不如坦诚地面对别人，让坦诚本身的魅力叩开对方的心理大门。

在这个纷繁复杂、光怪陆离的社会，人和人之间建立信任越来越困难，越来越需要漫长时间的积累。不然不熟悉的人总会对你竖起一座强大的心理堡垒，让人很难突破。

适当暴露缺点，逐渐消除戒心

在沟通交际中，当然要做一个反应敏捷的聪明人，这样别人和你沟通的时候也不会太累；但也不应表现得过于聪明，更不能咄咄逼人，表现得比人优秀。适当地袒露自身的一些缺点，让别人知道你不善心机，既可以破除他人和你在一起时的戒心，又可以消解对方可能感受到的压力，给自身留出了发挥的空间。

然而，在实际的交际过程中，有些人往往会产生一种错误的看法，即：在交际过程中如果自己表现得越聪明，就越能引起他人的崇拜与尊重，所以，他们就挖空心思地显现自己的聪明才智。其实，这样做不但不能让交际活动变得更为顺畅，反而会在一定程度上阻碍交际活动的进行。

使用迂回策略，适时乘隙而入

上面讨论的是消除对方戒心的自身价值定位问题。当在实际面对面地发起交流的时候，尤其是在面对客户的时候，宜采用迂回前进的策略。因为一般人在和销售人员交流时，都普遍存在戒备心理，总担心会被算计。这时如果过于直接地进入主题，反而会有碰壁的危险，事倍功半。

小王去一家公司上门拜访，目的是向公司老总介绍自家公司的产品。见到老总以后，小王没有直接拿出产品资料。而是先自我介绍，自谦地说自己没有工作经验，如果说话的时候有些方面没有说清楚，请多担待。这些谦虚的示弱言辞看起来很泛泛，但是，在特定的场合，尤其是进行销售时，却能极大地消解对方的戒心。

除了示弱，还可以从其他方面迂回，比如在见到客户的时候，先聊一聊当地的天气，说路上见到了什么新鲜见闻。也可以从和产品相关的问题切入，显得不那么刻意地兜售就好。

可见，在消除客户戒心的过程中，当对方还处于壁垒森严的防守阶段时，“霸王硬上弓”的攻坚战是不可取的。而巧用迂回战术，用“围魏救赵”、“暗度陈仓”的策略，让对方慢慢放下心理的城门，则更容易攻下堡垒。这其实靠的就是好感度的积累，当他对你的认可过了那个水位线的时候，你就成功了。

敏锐观察事态，顺应心理趋势

销售人员一般是最容易引起对方戒心的人群，因为他们身上自带赚钱的标签。而且，按照一般情况看，他们推销就是为了提成，带有非常现实和直接的目的性，容易引起排斥心理。

小张是一家健身中心的售卡顾问，每一个来健身中心体验的顾客，他都会悉心接待，耐心地指导他们在各种器械上进行试练。体验结束后，小张添加客户的微信，进行后期跟踪。但是，在这个过程中，小张并没有直接向客户兜售会员卡，而是经常给客户发一些关于健身的合理化建议，有时候也督促客户不要忘了健身。一来二去，客户慢慢对小张放下了戒备心理，不少人竟主动向他询问办卡事宜。

这里，有一个问题必须明确，那就是每一个客户都不是傻子。在和他们接触的过程中，看起来好像对方漫不经心，实际上他们都在紧密关注你的言行。如果你言不由衷，或是企图隐瞒什么，不仅很难得逞，还很可能失去潜在客户。

小李在一家设备供应公司上班，一次，他接待一位购买设备的客户。他发现这个客户想要购买的设备只剩下一台，但是有一些瑕疵，而且是很难被觉察到的那种。看到客户在检查设备时好像不那么专业。他心里起了斗争，到底要不要直接告诉对方，还是蒙混过关，毕竟那点瑕疵不影响使用。还在犹豫之际，客户已然拂袖而去。临走丢下一句话：那点瑕疵是没什么，可是你的隐瞒让我们不敢跟你做生意。

可见，示弱不仅在于自身，对产品示弱有时也是必须的。这牵扯到的是基本的人品和信誉，也是客户最为关注的，有时候甚至大于产品本身。当然，示弱程度的拿捏非常关键。如果处理不当，让对方感觉你过于不自信，就过犹不及了。其中的进退需要好好把握。

将心比心，得到真心

孟子说：爱人者，人恒爱之；敬人者，人恒敬之。又有禅语云：凡能站在别人的角度为他人着想，这个就是慈悲。这里都体现了为他人着想的核心观念，凡事设身处地，移情他人的处境，本身就是一种慈悲的大爱。

当人与人之间出现误解时，要退一步想想原因，盲目地埋怨别人无法理解你，只会让事情僵持不前。每一个人所处的高度和见识不一样，与其怨天尤人，不如抛开成见，放下身段，去亲近别人，和别人交流。

客户投诉来自事不关己的态度

人的本性是自利的，凡事爱从自身的角度出发，从自己习惯的视角去看问题。这就导致了人与人之间很自然的误解和冲突，因为每个人经历和环境的不同，使得很少有两个人的观点是相似的。如果，我们能跳出这一桎梏，放下自我，为他人着想，自然能得到他人的投桃报李，得到更多好处。

一次，老张出差到一家酒店住宿，正赶上公司有些事务需要远程处理。可是，当老张将自己的笔记本接上酒店网络时，发现上不了网，便急忙找前台处理。过了一会，酒店 IT 部门的小伙过来调试，说网络没有问题，应该是笔记本的问题。小张问电脑问题在哪时，小伙的回答让人不爽："我们只管网络，你的电脑我们不管。"老张便向酒店发出了投诉，小伙后来也委屈地说道："我不太懂笔记本，并不会修理，不是不想帮您。"

其实，无论如何说话，这位 IT 小伙的行为结果都是一样，他确实不会修理。但是，带给客户的感觉却是大相径庭的。他完全可以站在客户一方去说："网络没有问题，请看看您的电脑设置，我不是太懂电脑，怕帮倒忙，对不起。"

众所周知，快递行业是比较辛苦的，每天处理众多的寄件，几乎是天天从早忙到晚。王女士就是快递行业的一员，每天要接听很多发件、取件和查件的电话，很考验耐心。而且，因为什么情况都有，难免有些人很难说话，要不就是心急火燎、要不就是讲话生硬，甚至还有胡搅蛮缠捣乱的。天长日久，也练就了王女士一身抗打击的本领。但是，即使是疲于应付，尽量满足客户需要，还是免不了有人投诉。王女士并没有抱怨，她说："本职工作就是要为客户服务，如果没有站在客户角度，说太忙或是没来及做都是借口。"

放下身段去理解他人，并不代表没有原则和底线。一味纵容和迁就，也可能滋养某些人的无赖精神。在这方面，我们也只能尽量做好自己，问心无愧，尽量去维护好值得维护的朋友、客户，并小心规避无事生非的小人。

主动和对方成立心理统一战线

当和他人商量一件事时，不应该以我们自己认定的尺度来衡量标准。而是多站在对方的立场上，多询问对方的意见和看法。生硬地讲大道理，想让对方屈服，只会是一厢情愿。这个世界本身就是需要大家互相做出妥协。

某建筑施工企业将一部分工程预制材料交给了一家分包公司，可是，因为设计变更，图纸需要改动，而分包单位已预制了部分材料。施工企业希望分包公司重新制作，但分包公司认为责任在于施工企业。双方僵持了起来，但工期不等人，施工企业负责人在调查了原委以后，亲自和分包单位进行磋商："这个问题确实是由于我方造成，很抱歉让你们受了损失。但是，工程总是要进行的，咱们一起把它做好，这样最终是双赢的。"

大多数情况下，当你们愿意建立统一战线，愿意互相靠拢的时候。你会发现，你们之间做的任何事，都好像理所当然了，甚至，他打的喷嚏你也不会躲，他吸的烟你也不会觉得呛人了。

郑州某一移动营业厅的员工在给客户办理业务时，都会添加客户的微信，以便进行后期跟踪服务。无论是手机业务还是宽带业务，他们都随时在线给予回答。渐渐地，微信端的客户咨询多了起来，会比较忙，有时候可能会手忙脚乱。但是，他们一直坚持，把客户的需要放在第一位，和客户建立了坚实的合作关系。业务量也是一直上升，还获得了客户的一致好评。

当你们最终建立了统一战线，事实上，他从内心里也愿意接受你的观念和决定了。事态已经动态地从你妥协他，到他接受你，到他妥协你。发展到最后一步的时候，你们已经俨然成了一个团队，成为了自己人。这时候，不光你在迁就他，他也在顺应你，成为一个相互包容，兼收并蓄的和谐的统一体。

推己及人，为他人之忧而忧

忘我地去推己及人，完全考虑对方，确实不是很容易，但也不是不可能的。当你在思想让能够跳出本性模式，进入高级阶段的时候，你就自然而然地将他人之忧当成自己的事情了，甚至还会为之乐此不疲。

一位非本人持卡的用户在ATM机取款时银行卡被吞，根据有关规定，银行方面代为保管该卡，而且要由持卡户主本人来领卡。虽然都是照章办事，但是客户还是表示了他的愤怒，要求解释清楚事由。

最后发现是因为该非本人持卡人在操作时造成失误导致的吞卡，虽然该客户表示了理解，但还是很着急，因为无法按时回当地取卡。在了解客户之所急后，银行做出了合理调整，延长了卡片领取日期，妥善地解决了这件事。

因此，我们可以看到，只要你想站在客户的立场上，没有什么事是不能解决的。美国著名企业家福特曾说："如果成功有什么秘诀的话，那就是永远都站在对方立场上，认识和思考问题。"在与人交往的过程中，多站在对方的立场上思考和说话，设身处地、推己及人地为别人着想，就会大大地消除对方的不满情绪，也更能让人感动，让他成为你忠实的伙伴。

RESPONDING SKILLS

第五章

沟通勿冷场，腾挪交际场

人生不可能总是一帆风顺，我们的境遇也不会总是怡然自得。在我们遇到低潮期的时候，难免会受到一些不公。在面对这种逆境时，面对他人言语上的刁难甚至欺凌时，不能一味地畏畏缩缩，明哲保身。而是要勇于应对，冷静分析，巧妙回应，才能脱离困境，重见阳光。这其实也体现了我们的人生态度，就是人不犯我我不犯人，并平衡机巧与诚意的表达。

面对质疑，勇于解疑

德国伟大诗人歌德说过："从勇敢当中，可以找到天才、力量和魔法。"在面对较为棘手的客观状况的时候，歌德总是激励他人不畏艰难，迎难而上，这是对人的向上的主观精神的积极肯定。

在纷繁复杂的社会交往过程中，人和人之间难免产生一些摩擦或纠葛。有的是因为误解，有的是故意刁难。对于前者，我们要不卑不亢地耐心解释；而对于后者，则要坚决地予以反击，维护自己的尊严。其中，勇气是支撑你的基础。

面对质疑，从容不迫耐心解释

在生活中，几乎我们每个人都曾经遭遇过他人的误解和怀疑。在受到质疑的时候，尤其是被当面发难时，我们不应委曲求全，息事宁人。硬装着有涵养是没有说服力的，那只会加深误解。如果能够从容不迫地正面回答，尽力让对方明白我们的初衷，不仅可以化解自身的尴尬，也能让抱有疑问的人的精神为之解脱。

面对责难，毫不犹豫奋起反击

很多时候，对方恶意的刁难都是带有一定的目的，不仅仅是为了逞一时口舌之快。如果我们不迅速做出反应，那就可能会造成负面的影响，甚至会有实际利益的损失。

著名诗人马雅可夫斯基经常抨击一些社会上的假丑恶现象，针砭时弊，得罪了不少人。有一次在他演讲的时候，有个家伙直接跳出来说：“您说的话云山雾罩，让人无法理解。”

马雅可夫斯基笑着说：“您难道是长颈鹿吗？长颈鹿脖子长，脑回路也慢！”

那家伙暴怒地说：“你怎么把我们大家都当成傻子！”

马雅可夫斯基故意诧异地回答：“哪里有大家，我只看到您一个人上蹿下跳……”

在遇到不公正的责难的时候，不仅要坚决地反击，还要冷静地思考。要确认对方的意图，并快速找到应对之策。同时，也不能过于意气用事，有时候被人误解的时候，反过来我们也可能会误解别人。勇气与理智可以是相辅相成，同时存在的。

面对非议，勇敢表达消除误解

职场是一个相对稳定的生活空间，每个单位里的同事们都要朝夕相处，长相守。这种抬头不见低头见的人际环境，就决定了我们需要正面处理有可能发生的各种不愉快。否则的话，身处一个相对封闭的空间，把事情都憋在肚子里，不仅得不到别人的同情，还让身心深受煎熬。

小唐性格比较内向，不太爱表达自己。平时在单位的时候沉默寡言，时间长了，大家以为他比较有心机，再加上有些无聊的同事背后议论，让周围对他有了一些误解。小唐是比较敏感的人，早已有所察觉，却不敢为自己辩解。正巧单位里为员工安排了一次心理辅导培训，在一堂“表达自我”的实操课上，小唐当着大家的面鼓足勇气说出了心声：“我不太爱说话，只是从小养成的习惯，并不代表我有什么世故的想法。当然，不和别人沟通也确实是我的问题，我想从今天开始，和大家交流，敞开心扉。我买了一些糖果，分给大家，就算是重新认识大家的见面礼吧。”从此，办公室里气氛好了许多，小唐也卸下了心理包袱。

真诚待人是职场的基本原则。在一个需要共进退、共荣辱的团队里，如果还虚与委蛇，虚头巴脑地对待周围的人，那还怎么讲团队精神。鼓起勇气去真心接受别人，消除别人内心疑虑的同时，也让自己能够心无旁骛地工作了。

移花接木之术，柳暗花明之处

宋朝著名哲学家朱熹有一句脍炙人口的名言：故君子之治人也，即以其人之道，还治其人之身。字面意思就是，用别人对待你的手段反过来去对待别人，让怀有恶意的人自得苦果。

在现实中，当别人对我们用了某些手段，或是无理取闹，或是施加了任何不公正的待遇时，我们总是想用相似手段予以反击的欲望。

移花接木，效果总是出人意料

所谓移花接木，字面上是指把花木纸条嫁接在别的植物上。应用到辩论中，就是把对方的论点反过来用在对方身上，就像打太极拳一样，借力打力。不仅自身脱离困境，陷对方与不利境地，还让对方哭笑不得，尴尬万分。

春秋时期，齐国的晏子出使楚国。楚王见了他，傲慢地笑了笑，说：“难道齐国没有能人了吗？。

晏子严肃地答道："齐国到处都是人。首都临淄更是人挨着人，大家一同举起袖子，就成了一片云，甩一把汗，就成了一阵雨，怎么能说没有人呢？"

楚王说："那就更不对了，有那么多人，干嘛选没用的人来呢？"

晏子装作很为难："您这个问题不太好回答啊。撒谎怕犯了欺瞒之罪，说实话又怕大王生气。"

楚王说："你实话实说，我不生气。"

晏子慢条斯理地说道："敝国的规矩是：派上等人访问上等国家，下等人访问下等国家。大王确实慧眼识人，我最没用，所以来这儿了。"

这个例子就鲜明地体现了晏子灵活运用借力反击的策略，把楚王打来的拳头又推了回去，打在楚王自己脸上，让他感觉到痛，还说不出话来。

移花接木式反击，让对方无语

在和人辩论的时候，无论自己拿出什么样的说辞，都不如把对方的套路还给对方更有说服力。通常在这种情况下，你利用他的话打造自己的利剑，对手只有干瞪眼的份。而你，还可以显得很无辜。

高速路上，一个开车晃晃悠悠的司机被交警拦了下来，测酒仪显示重度超标。

酒驾司机急忙问会怎么处理。

"你的情况比较严重，拘留十五天。"

"我只是喝点饮料，就要拘留十五天，也太严厉了！"

"既然是饮料，那就给你算半个月好了。"

酒鬼的胡搅蛮缠，在交警这儿只略略换个词，就让酒鬼心里明白他无话可说。饮料和酒，十五天和半个月，都是偷梁换柱式地表达了一个意思，没有本质区别。但却有着立竿见影的说服效果。

小明吃完了饭便拿起手机玩起了游戏。

妈妈让他去刷碗，他便说道："刷什么碗，刷了明天不还是要刷。"

晚上，小明迟迟不见开饭，问几点吃晚饭。

妈妈说："吃什么吃，吃了明天不还是要吃。"

这个例子言简意赅，生动地说明了将歪答正解这个策略运用到教育上的效果。小孩教育本身是比较有难度的，尤其是处于叛逆期的青少年，用说教的方式来教育他们很容易失败，甚至造成逆反心理。而合理用于移花接木，让他们从中自然而然地发现自身的错误，在惊诧中自动进行反思，并为自己的行为而脸红，这不啻为一种巧妙的教育方式。

不屈服于职场同事的冷嘲热讽

在办公室环境里，为了营造轻松的氛围，有时候同事之间开开玩笑，放松一下，是可以提升工作效率的。可是，有些人却喜欢把嘲笑别人当成乐趣，把自己的快乐建立在别人的痛苦之上。这时候，要明确地分析，不能难得糊涂似地一味往好处想，那只是欺骗自己。人是有尊严的，要善于维护。

小张为人比较忠厚，平时待人和蔼可亲。而小刘是一个比较活跃的同事，经常拿小张开玩笑，甚至把逗大家笑看成一种能耐，为之得意洋洋。小张刚开始不愿破坏同事关系，只是尴尬地赔笑，渐渐地也忍无可忍了。

一天风很大，小张戴了帽子来上班。小唐见了马上嘲笑着说："你确定你脑袋上面的是帽子吗？"

小张立刻反击道："你确定你帽子下面的是脑袋吗？"逗得大家哄堂大笑。

既要让同事知道你不是待宰的羔羊，又要一定程度上维护集体的团结。那么，从程度上来说，以其人之道还治其人之身的反击是最为合适的。因为它不多不少，互不亏欠，你的借力打力的智慧也会不由得让同事们高看你一眼。

妙用谐音，化险为夷

《孙子兵法》有云："善出奇者，无穷于天地，不竭如江河。"强调了巧妙、灵活地运用策略的重要性。《易经》也讲求灵活变化："易穷则变，变则通，通则久。"

人际交往讲求处理事情的灵活性，考验的是我们随机应变的能力。在辩论时更是如此，如果能够巧妙地运用一些策略，四两拨千斤，则可以起到出奇制胜的效果。关于巧妙，有很多具体的途径和方式，其中比较有特点的，就是巧妙利用谐音的优势来解除形势危机，化险为夷。

善用谐音手段，排解尴尬局面

谐音，字面上的意思就是利用某些汉字同音的特殊情况，用同音和近音字来代替本字，产生比较有趣味的修辞效果。在和别人辩论的时候，我们可以不失时机地使出利用谐音的方式，使我们的话语具有双重意义，常常能够出其不意，令对方猝不及防，从而达到为自己化解困境的结果。

想要驾驭谐音辩论法，要具有丰富的想象力和发散思维，能通过快速观察语句表象的形式组成，看出对其进行合理化改造的可能性。然后挑选能够为我们的论据服务的词汇，进行偷梁换柱式的变更。

唐朝诗人李白的才能颇得皇帝赏识，这惹怒了宰相杨国忠。他一直心存恶意，想找机会羞辱李白。一天，他约李白对诗。由杨国忠出上联，李白来对，要在三步之内对出来。

李白刚进门，杨国忠的上联已经预备好了："两猿截木山中，问猴儿为何对锯？"用的谐音的方法，说李白是来对句子的猴子。

李白不慌不忙，请杨国忠开始起步，三步即可对出。可是当杨国忠刚迈了一步，李白立刻喊道："匹马陷身泥里，看畜牲怎样出蹄！"也是用的谐音，暗讽杨国忠是畜牲。

运用谐音别解，可使辩者变守为攻，变被动为主动；可以帮助摆脱困境；还可以嘲讽对手，调侃戏谑，顺势发表议论。辩论中运用此幽默战术，可增强辩者的语言表达效果，使自己的辩论雄健有力。辩论中，有意违反常规、常理、常识，利用语言、语汇、语法等手段，临时赋予一个词语原来没有的新意而做出奇特新颖但是毫不利于对方的解释手法，让自己的观点无可辩驳。

运用谐音手段，巧妙掩饰语误

在和人交谈的时候，说话的速度往往赶不上思维运转的速度。尤其是遇到让情绪较为紧张的时刻，当大脑高速运转，各种思绪涌来，有些话语就很容易脱口而出。但是，不是什么大实话都适合所有时刻所有场合，当你意识到某句话不便说时，也许它已经在半路上，只能收回一半了。这时候，也许谐音还能掩盖你的一些语误。

在曹禺的著名话剧《雷雨》中，鲁侍萍回到年轻时曾经待过的主人家中，发现了已经长大成人的儿子周萍，而周萍正是她当时和少东家所生的私生子。在面对面的那一刻，不知道内情的周萍打了鲁侍萍另一个儿子鲁大海两个耳光。愤怒和母爱的交织让鲁侍萍心潮激荡，冲口而出："你是萍……，凭……凭什么打我的儿子？"在意识到残酷的现实让她无法认亲的那一刻，便使用了谐音的手段，及时掩盖了内心的情感。

语言总是倾向于和思维保持一致，我们所认定的事实，不管想不想告诉别人，总是容易抑制不住而冲口说出。掩饰我们的话语不是为了欺瞒，有时候是情况所迫，不得不说一些善意的谎言。

大李的妈妈查出了不治之症，家里决定把消息封锁，不告诉妈妈。大李的儿子只有十岁，来看望奶奶，看到奶奶病怏怏地躺在床上，关心地对奶奶说："奶奶没事的，您一定会好起来，不就是癌……"这时，小李看到大李跟他使眼色，突然想起来之前交代的封锁消息，赶紧改口："……爱头晕吗，多休息就能养好。"

巧用谐音掩饰口误一般都用于不得已要隐瞒某些事实的情况下，不说出实情，虽然让当事人蒙在鼓里，但效果却比知道事实原委要好。

职场合理运用谐音，调节气氛

在办公室环境中，忙碌的工作、人际关系的复杂化都让同事之间的和谐状态不会那么稳定。时常主动地通过各种手段调节大伙的情绪和工作气氛，让整个团队向着良性发展，可以更好地发挥工作积极性。在各种方法中，谐音的运用就很巧妙有效。

王玲和张倩本是一对要好的同事，平时互相帮助，亲密无间。但近来因为业务原因，突然间增大的工作量和增快的工作节奏让她们手忙脚乱。

太忙乱，就难免因为一些配合问题引起对对方的情绪上的不满。有一次，外出办事的张倩因路上堵车回公司有些晚，着急等她回来办理要务的王玲没好气地说："不是说就要回来了吗？那么慢。"

张倩笑着说："对啊，舅回来了，我跟他说话来着，所以晚了一会儿。"

可以看到，本来紧张的气氛，只简单地运用了一个路人皆知的谐音小段子，就马上得到了缓解。两人相视一笑，泯恩仇，在不伤感情的基础上让情绪得到了软着陆。但是，谐音的运用也要注音拿捏。比如一些略带低俗的语言转换，或者带有贬低、中伤的语境，都应尽量避免。

假借他物，化解窘境

《红与黑》的作者司汤达曾说："理智的人面临危险，会急中生智，可以说，比平时更聪明。"司汤达擅长心理描写，对于理智与感性有着独特的理解。急中生智是人在面对突发情况时自我开发潜能的一种表现形式，是面对挑战而给予自身成长的一种机会。

在各种场合里，考虑到主观和客观的原因，我们经常遇到很多难以直接给予回答的问题。而如果选择缄默不言、闭口不回，又难以服众，使自己陷入更为不利的局面。这时候，如果转换思路，巧借他物，既变相回答了问题，又给了自己一个合理的台阶下，不失为一种化解尴尬的妙法。

辗转腾挪，假借他物巧妙回话

并不是所有的带有攻击性的问题都是有漏洞的，或是容易直接反驳的，不怀好意的人既然敢向你发难，必然是做了充分的准备，都不是能够简单对付的。这时候，与其竭尽全力地辩解，不如运用巧劲，辗转腾挪，假借他物巧妙回话。

《福尔摩斯探案集》的作者柯南道尔，在做某刊物编辑期间，每天要处理很多的读者来信。一次，他看到一封信上说："您把我的小说退回来了，但我知道您没有把它读完，因为我故意把几页稿纸粘在一起，但它们没有被拆开，您这样做很不好。"

柯南道尔便回信说："如果您吃早餐时，盘子里放着一块发霉的面包，您大可不必把它吃完才证明这块面包变味了。"

面对读者在客观道理上占据上风的质疑，柯南道尔巧妙地假借早餐作为对比，让对方在内涵上明白自己的意图的同时，还被你的答话形式所震慑，变得哑口无言。这种方法，超过了回答本身的效果，它额外体现了智慧的力量。

太极推手，巧妙将话题转移

对于别人不怀好意的话语攻击，我们也不妨使用一些非常手段，比如用太极推手式的方式将敌人投来的投枪化解。然后，假借他物，把话题引导至适合我们自己的思路上来，让对抗的优势和劣势倒转。

最好的办法就是用自己的话语回击对方，把局势掌控权牢牢掌握在自己手里，才能赢得辩论的胜利。

威尔逊曾多次当选英国首相，有一定的威望，但也树立了很多政敌，在一次公开演讲中，刚刚谈到某个他所积极推行的政策时，突然有个反对派分子粗鲁地打断他："狗屎！垃圾！"

大庭广众之下，这让威尔逊非常的尴尬和难堪，但是，威尔逊很快镇定了下来，装作无辜地样子回答道："这位先生，请您先不要着急，这里马上就会讲到您所提出的，关于环保的问题。"

话刚说完，他便得到了全场雷鸣般的掌声。

威尔逊在面对突如其来的攻击时急中生智，没有正面接对方的招儿，而是像打太极拳一样，先将对方的招式化解在无形当中，再借力给出自己的回话。让对方有力使不上，只有哭笑不得的份。

灵活处理职场关系

在工作环境中，因为特殊的人际关系，在面对某些不太好正面回答的问题时，如果不做出调整，就自以为直爽地回答了，可能会造成对方的反感。这时候，可以试着采用假借他物回答的方法，缓和尴尬的气氛。

张琳是一个踏实肯干的姑娘，平时工作一丝不苟，严格遵守公司制度。而新来的一位女同事小丽，行事就比较随意，不太愿意受约束。一个周五的下午，小丽对张琳说，咱们工作都做完了，提前走吧，反正没人知道。张琳不愿做违反规定的事情，又不好直接拒绝，便笑着对小丽说："不行的，老师教育我说，不迟到、不早退，否则，就不是好学生了。"说完还狡黠地笑了笑。

在面对小丽的问题时，如果只是生硬地拒绝，会驳了对方的面子，一方面她自己不好意思，一方面还可能觉得张琳在刻意摆姿态。而使用了假借老师的话回应对方问题之后，既给不早退找到了理由，又让对方少些尴尬，两全其美。总之，灵活运用假借他物化解问题的方式，可以让很多难以直接回答的问题迎刃而解，把自己从困境中解救出来，而且，如果运用足够巧妙，还能起到意想不到的出彩效果。

将错就错回话，巧妙消解尴尬

著名国学大师南怀瑾总结过这么一句令人颇受启发的名言："人生就是假戏真做，成功就是将错就错。"这句话跳出了一般性的思维理念，把僵硬的教条规范抛在一边，宽容地看待人的本性和现实牵绊。

人非圣贤，孰能无过。尤其当前人类已经发展到后现代时期，快节奏的社会生活让每个人犯错的几率大大增加。犯错是不可避免的，既然无法避免，也就不可怕，犯了错也不用揪心。有了坦然面对犯错的达观态度，才能意识清醒地分析当前问题，快速面对问题，然后适当解决之。

将错就错，体现不同的思维模式

人们在犯了错以后，往往喜欢为自己的过失辩解，讲来龙去脉解释给别人听，希望别人的理解，以便得到谅解。每个人犯错都有特定的原因和根源，没有人故意做错事，解释是必要的，但时机的把握可能更重要。在犯了错面临尴尬境地的时候，殊不知，一味地辩解反而有些刻意，有此地无银之嫌。反不如将错就错，巧妙开脱，在承认错误的基础上侧面地表达出无奈和歉意，不仅挽回些面子，也让他人更容易接受。

古代一位画家在制作版画时，因为缺乏经验，忽略了倒印时的方向问题。他的画里描绘的是一位握着长矛的斗士。当他看到印刷出来的效果时，已经无法再修改了，画里的斗士成了左手手持长矛。本来他为自己的粗心大意而几乎想砸烂他的作品，但突然灵机一动，将错就错地给那副画起名为《左撇子》，并因此而成名。

这位画家在失望之际，突然来了灵感，挽救了他的艺术品。这种灵感甚至超过了绘画本身的技艺带来的艺术价值，使之能够流传后世。将错就错在这里上升成了一种创新能力，成为了一种生产力。

将错就错需要一定的勇气和面对挫折的毅力，在出现突然而来的异常局势时，能够放低姿态，泰然接受，然后才可能跳出惯常的思维模式，得到非同寻常的灵感。

将错就错，高情商的行为艺术

人犯错不可怕，可怕的是因为丢了面子而恼羞成怒，并因此而变得情绪失控。出现非常局面的时候，考验的实际上就是人的情商，即自我情绪的管理能力和对他人情绪的认知和处理能力。

德国作曲家斯勃拉姆在参加一次宴会时，突然来了作曲灵感，在集中注意力进行乐曲构思时，他照例点了一根烟，帮助思考。烟雾弥漫开来，周围的几位女士被呛得咳嗽起来。但勃拉姆斯过于投入到思考中，没有注意周围的变化。

终于有人冲他喊道："先生，您不该在女人跟前吸烟。"

勃拉姆斯反应过来，知道自己失礼了，但马上礼貌地说："我在想，有天使的地方，不该没有祥云吧！"女士们立即微笑起来，转怒为喜。

将错就错不一定要纠正自己，如果像勃拉姆斯一样，具备超高的情商，根据局面，不失时机地辗转腾挪，反而起到比之前更为理想的人际效果。

将错就错，豁达宽容对待他人

错误的行为不一定是自己主动做出的，也可能是我们周围的人做出的，并和我们发生了切身的联系。这时，在对方感到尴尬时，及时为对方开解，是一种豁达宽容的高尚情操的体现。

前苏联文豪托尔斯泰去火车站接一位老朋友，站台上被一名贵妇误认为是搬运工，让他帮忙搬行李。搬完后，贵妇人付了五个戈比给他。此时，托尔斯泰的朋友走了过来，才让这位贵妇了解到真实情况。她感到十分尴尬，觉得自己荼毒了这位大师。急忙向托尔斯泰致歉，请求收回五个戈比。他却笑着说，"不必道歉啊。劳有所得，这是我应得的报酬。"顿时，尴尬的气氛化解在大家的笑声中。

在成为别人犯错的牺牲品的时候，托尔斯泰表现出绅士的大度。不仅没有迁怒对方，还主动地替对方开脱，表现出了伟大艺术家的超脱精神境界。

苏格拉底的妻子性情泼辣，动不动就打骂苏格拉底。有一次，苏格拉底正在跟学生讨论学术问题，他的妻子满脸怒气地走了进来，不分青红皂白就把苏格拉底大骂一顿，还将一桶水泼到苏格拉底身上。在场的学生们都以为大事不妙，会有一场吵闹持续下去。

谁知苏格拉底的情绪平常如初，没事一样打趣说："我知道，打雷以后，必定会下大雨的。"

将错就错是一种特殊的思维模式，体现了较高的情商，它不仅可以为自己开脱尴尬局面，也可以救他人于水火之中。其中的要点就是，坦然面对，泰然处之，用诚意加巧智打动别人，最终得到谅解。

随机应变，变中有变

古人云：识时务者为俊杰，良禽择木而栖。这里传达了对随机应变、灵活变通的处事原则的推崇，提倡的是解放思想、破除教条。人只有在瞬息万变的情势发展过程中动态地调整自身的应对策略，方能立于不败之地。

随机应变的字面意思就是随着事情发展变化的过程灵活机动地变化和应对。这就要求我们不仅要有灵活的大脑和思维习惯，还要对事态变化随时保持警觉心。很多人觉得这些很难做到，甚至无法强求，但是遵循一定的思路，也可以慢慢地让自身逐渐进入那种灵动的节奏。

随机应变，考验开放的思维模式

普通人的智商水平大同小异，差距并不大，可以说在客观上每个人都站在同一起跑线上。那么，人的应变能力的差异主要来自于主观方面，一是对于知识的积累，一是个人自信心的建立，当然，这两方面也是相辅相成的。

有一次，著名物理学家爱因斯坦去参加一个客座演讲。他的专职司机跟了爱因斯坦好多年，他开玩笑地对爱因斯坦说："你经常在车里练习演讲，我都能一字不差地背出来。"爱因斯坦很高兴，说道："太好了，我平时太忙，难得有时间休息，你这次帮我上去演讲吧，反正他们也不认识我，我来给你当司机。"果然，在讲台上，司机完完整整地把爱因斯坦的演讲内容背了下来，现场没有人发现他是假冒的。

可是，主持人突然宣布进入提问环节，让司机有点猝不及防，也只能硬着头皮撑着，台下坐着的爱因斯坦也有些微微冒汗。果不其然，针对如此高端的物理领域所提出的问题必然是非常专业的，单凭背诵知识点无法解答。在这个看似很难过关的紧要关头，在全场科学家的众目睽睽下，司机灵机一动，镇定地说："请原谅，您的问题过于简单，甚至有些幼稚，连普通的司机都会，我现在就可以证明给你看，有请我的司机上台回答。"

爱因斯坦的司机虽然只是一个普通人，只有普通人的智商，但他非常有勇气，能够临危不乱。这种勇气建立在自信心的基础上，它能让你在局势突然发生变化的关键时刻，也保持冷静的头脑，另辟蹊径，去处理看似无法破解的局面。

跳出问题看问题，是一个人自身格局的体现，不拘泥于僵死的思维，不沉湎于眼前的利益。患得患失总是会拖累人们的创造力，让人畏首畏尾，谨小慎微。这样就很难在面对变幻莫测的具体情势时，做出灵活的应对。

随机应变，可以轻松扭转乾坤

思维品质是决定人的应变能力的核心，一般包括思维的广度、深度、逻辑力等方面。人需要增优化自身的观念结构，知识机构，不断更新视角，才能适应纷繁复杂的局势变化。

三国时候有个叫子瑜的谋士，长相很难看。一次，主公大宴群臣，子瑜也带着儿子一起参加宴会。为了逗大家开心，活跃气氛，主公竟让人牵来一头驴子，在它头上贴了一个字条，写着“子瑜”的字样。大家看了不禁哈哈大笑起来，这让子瑜十分难堪，但知是主公所为，又不敢发作。这时，他儿子径直走了出来，在纸条上的子瑜后面加了两个字：之驴。意即子瑜的驴，大家立刻安静了下来，默默称赞子瑜之子小小年纪，胆识过人。

思维和精神是密不可分的，孟子所说的浩然正气，是支撑人们思路稳定性的可靠基础。当胸中意气风发，自信满满，自然能够站在更高的视角来看问题，俯仰天地。

在一个印象派画展上，有一幅画被发现好像是挂反了，这幅画题为《日出》。正当工作人员准备把画框位置纠正时，画家走了过来，说道：“不必麻烦了。”说完，他直接拿起笔，将画名改为《日落》。

心态的豁达不只反映在面对实际问题的灵活态度上，有时候还表现为上述例子中的行为灵活。在解决问题的时候，仅仅把事情做对，可能只是完成它的第一步。而要上升到更为高层的状态，要做到人的升华，就不能只停留在语言上，不能停留在做对事情上，要改变自己的整体思维模式。

应变能力，关乎职业发展前景

掌握一定的人际沟通能力会让你在找工作时倍感轻松，而其中的精髓实际上就是应变力。这种能力不完全是天生的，可以通过磨砺慢慢训练出来。因此，多给自己尝试的机会，不怕面对职场，敢于迎难而上，就能让自己得到更多锻炼，成长得更快。

一个女生刚毕业，去一家企业面试，面试官有3个人，中间那个突然出了一道让人出乎意料的题："请在30秒内让我难为情。"这个女生想了几秒钟，便装作认识中间那个面试官似的小声对着他说："爸，你没说有这个题啊……"

应变能力可以使我们更加灵活地应对面试，但应对本身并不是目的。更不宜打着积极应变的旗号去和面试官耍小聪明。要明白的是，一生很久，会遇到很多人，很多事，很多机会，你的人品和声望都是一点一滴积累出来的，想让这些数值都往正的方向发展，最终只有靠诚意二字。

RESPONDING SKILLS

第六章

遇到难问题，巧妙解问题

现代社会是一个推崇创新的社会，要创新就要摆脱陈旧观念的影响，跳出固化思维的钳制。这种处事态度同样可以运用到沟通交流领域上，即对回话的方式方法也进行我们的创新。尤其是在面对一些棘手问题的时候，在传统的应对思维已经不能很好地指导我们如何回话时，就需要跳出已经过时的模式，积极开拓能够适应现实要求的策略和手段。

跳出思维模式，改变表达方式

法国哲学家蒙田曾说："上帝把大脑赐予了人类，可上帝并没有保证每个人都能用好它。"这看似一个陈述句，实际上更像是蒙田所发的一种感叹，叹息人们不去努力挖掘自身的潜力，不去开拓创新。仅仅满足于现成的状态，就很难突破惯有思维，实现飞跃。

思维是指人们在生活、工作或学习中每遇到问题所进行的思考的过程。而思维力，即是对这个过程的驾驭和掌握的程度。人类的一切活动都离不开思维，更不用说它在人际沟通与应变活动中体现的关键制约性了。能否运用好思维能力，决定了我们应对日常沟通交际的有效性。

展现思维力的创造性，推陈出新

无论在哪个时代，创造力都是引领人类取得不断进步的原动力。墨守成规，原地踏步的僵化思维无法为社会前进做出贡献。同样的，在人际沟通的过程中，有创造力的思维也可以让我们的思想和言谈更具魅力，令人耳目一新，刮目相看。

哥伦布发现了美洲，名声大噪，引起了很多人的嫉妒，他们认为哥伦布的成功只是运气。在一次宴会上，一位贵族嘲讽道："亲爱的哥伦布，无论你去不去，美洲就在那，谁去都能发现，你不过运气好捷足先登而已。"面对这种蔑视，哥伦布冷静地拿起桌上一个鸡蛋，问大家："诸位，请问谁可以把鸡蛋立在桌上？"大家听了，纷纷尝试，却没人成功。哥伦布笑了笑，将鸡蛋底部轻轻在桌上磕了磕，出来一个小豁口，便可以立在桌上了。他又说："正如大家看到的，这很简单，甚至是有些幼稚。但是，如果我没有首先这么做，你们谁会去做呢？"

在上面的例子里，哥伦布展现了他异于常人的创造思维，大胆突破传统模式，将视角提升到了一个新的高度，让因循守旧的人们为之汗颜。创造力的决定因素并不局限于知识和学历等外在因素，任何人，不管有没有接受过高等教育，都有发挥自身想象空间的机会，甚至超越所谓天之骄子的知识分子。

一位大妈误入一个群里。

群里正在热烈讨论一个物理问题："一滴水从很高的地方自由落体到地面，会不会砸伤人甚至砸死人呢？"群里的学霸们各显神通，各种公式、假设和模型，关于阻力、重力、加速度的计算，讨论了两个小时也没有结果。

这时候，那位大妈悠悠来了一句："你们没有淋过雨吗？"群里立刻静了下来，没有人再说一句话……

创造力思维虽然不能简单等同于科学技术，不能直接转化为生产力，但积极主动地调动它，发挥它的潜力，无论对增强实际沟通交流的生动性，还是提升自身精神境界的层次，都有着不可忽视的作用。

激发思维力的延展性，迂回脱困

科学家认为，人类目前对人脑潜能的利用率最多达到百分之五，大部分的空间还没有被利用，有待开发。大脑思维力的这种具有扩充潜能的延展性，让我们在遇到困境时，有着发挥思维主动性为自身脱困的无限可能。

著名诗人艾伯克隆在一篇文章里贬低另一位诗人庞德的的文学风格，让后者感到很恼火，便向艾伯克隆提出决斗。艾伯克隆知道庞德是一位剑术高手，如果盲目应战只会给自己带来灭顶之灾；按照当时的社会价值观，又很难拒绝决斗蒙混过关。正在一筹莫展之际，突然想到，受挑战的一方有权利选择武器。

于是，在回复中，他接受了挑战，并选择用双方没有卖出去的书作为投掷武器。结果是，庞德输了，因为他没卖出去的书远远少于对方。艾伯克隆巧思妙想变相给了庞德一些面子，自己也迂回脱离了险境。两人一笑泯恩仇，皆大欢喜。

大脑就像海绵一样，有着出色的伸缩性和延展性，你只有善于挤，勤于压，才能更多地运用它，更好地运用它，更有效地运用它。艾伯克隆没有在被动的局面下把自己裹在套子里听天由命，而是寻求拓展思路，争取到了生存的机会。

著名英国学者斯宾塞终身未娶。有一次，一个朋友问他，“你为什么坚持独身主义，以后不会为这个决定后悔吗？”

斯宾塞笑着答道：“既然是决定，肯定是深思熟虑后做出的，我觉得可以为自己的决定感到满意。也常常这样宽慰自己：在这个世界上的某个地方，有个女人，因为没有做我的妻子而获得了幸福。”

合理的积极主动地激发大脑潜能，让大脑的延展性得到尽量多的发挥，既可以为自己脱困，也可能发现更为广阔的空间。斯宾斯没有像普通人那样按传统思维去思考，他有着自己独特的世界观和处理问题的思维模式，让思路得到了充分延展。

运用思维的变通力，峰回路转

人的思维不是死板僵化的实在物体，而是一种非常灵活的，可以在时间、空间中取得无限形态变换的精神力量。在现实的人际交流中，遇到尴尬的状况不应刻板、僵硬地马上反击，而是充分运用思维的变通能力，让局势峰回路转，柳暗花明。

有一次，林肯总统在做公众演讲时，一个青年上前递给他一张纸条。林肯打开一看，上面写着两个字："傻瓜"。面对这种赤裸裸的冒犯，林肯很恼火，但没有发作。

他镇定地说："本人收过很多匿名信，都只有正文，没有署名。这回正好相反，刚才这位先生只署了名字，却没有写内容。"说完，便继续演讲起来。

思维力是人类最强大的武器，无论什么人呢，只要会用脑，就具备了走向成功的基础。积极勤勉地运用思维力，开发自身的创新理念，力求让自己走在时代的前沿。那么，如果这样去做了，即使面对任何意外的情况，也能够临危不乱，逢凶化吉。

克服惯性思维，创新表达思维

英国杰出作家济慈有一句名言："许多富有创见的人并没有想到这一点：他们被习惯引入歧途。"这句话用对比的手法，强调了习惯的强大力量，即使是创新精神本身也可能会受习惯的影响，令人看了不禁心悸。

惯性思维，也称为“思维定势”。它是人们通过对先前经验的总结而形成的一种特殊的心理准备状态，或一种倾向性。当情景状态不变的时候，惯性思维可以运用经验的知识来快速解决问题；而在情景状态发生改变的时候，即出现意外状况的时候，则可能会妨碍人们做出随机应变式的判断和行为。

跳出常规思维，走出经验的阴影

思维一旦形成习惯，就会成为顽固的潜意识，成为不自觉的、类似本能的反应。想要去改变一种固定性的思维习惯，是有一定难度的。要有一定的主动克服习惯的意识，要自觉地去尝试。而且，要有一定的勇气和决绝的态度。

战国时期秦国的谋士张仪和陈轸不和。一次，张仪向秦王报告陈轸打算投敌。秦王赶紧召来陈轸问道：“我听说你打算背叛我，投奔楚国，有这事吗？”陈轸慢悠悠地答道：“有这回事。”秦王恼怒道：“看来，张仪所说的话是真的了？”陈轸仍然不慌不忙地答道：“何止张仪，老百姓都了解此事啊。大王知道，伍子胥忠于君王，因而天下的君王都希望得到伍子胥。如果我不忠于秦国，如果我不是忠臣，那么楚王又怎么想要我做他的大臣呢？况且，如果忠臣被遗弃了，不去别国又能去哪呢？”秦王听了大受感动，不禁懊悔自己对陈轸的怀疑，陈轸也得以继续留下来为秦国效力。

人的世界观、知识体系和周围环境都会影响人们对事物的看法和思维模式。不过，影响最为显著的，还是过去的经验。工作、生活、学习过程中的点点滴滴，都无时无刻不在影响着人们的思维。

一位青年画家登门拜访著名画家柯罗，向他请教绘画的技巧，并且展示了自己的几副作品，希望柯罗给予指点。柯罗热情地接待了他，毫无保留地指出了几处他认为欠妥的地方。

青年画家很感激地说："明天我会全部修改。"

柯罗不喜欢拖延这种坏习惯，便激动地问："为什么明天？为什么今天可以做的事要拖到第二天？

随着年龄的增长，经验的影响因子在我们的脑海里越来越根深蒂固。我们似乎都更相信经历过的东西，更愿意按照经验的路线按部就班地思考问题。这种保守的思维态度，也许在一定程度上可以规避风险，但是，也屏蔽了更多的新奇的想法和机遇。

打破思维定势的藩篱，另辟蹊径

在我们的思维对当前情况做出判断的时候，惯性的定势思维会起到负面的影响。它会自动地在我们脑海里筑起一座防波堤，将新颖的想法都过滤掉，就像防火墙一样，根据死板的标准自动屏蔽了它认为不好的东西。我们要做的，就是要更新我们防火墙的病毒判断标准，勇敢打开心理的大门，让新鲜空气吹进来。

清朝时，一个姓谭的读书人幼时家境殷实，家里给他定了娃娃亲。谭秀才长大以后，家道衰落，对方便想要赖婚。到了快要正式定亲的日子，准岳父给谭秀才出了个难题："我做了两个阄，一个写着"婚"字，一个写着"罢"字。你抓到"婚"，就把女儿嫁你，否则就退婚吧，从此两不相干。"

谭秀才心知肚明：这两个阄明明都是"罢"字，抽到哪个都一样。便指着其中一个说："不是这个。"然后打开，果然是"罢"。谭秀才接着说："不是这个，那肯定是另一个了。"准岳父见了，怕在众人面前出丑，影响名声，没等到打开另一个阄便同意了婚事。

谭秀才巧妙地打破了思维定势，反其道而行之，打破了对方的小算盘，让对方哑口无言，并为自己争取到了应有的权利。

图书馆管理员杜威性格严谨，凡是回答各种不确定的问题时，只说："我不知道。"

有人问他说："是国王付给你津贴叫你如此回答的吧？"

"他付的是我知道的那一部分的津贴，"他谦虚地回答，"至于我不知道的那一部分，就是这个国家的全部财宝也是不够的。"

最终，人的思维潜能是无限的，能够限制人的只有人自己。要明白，当我们受困于一筹莫展的境地，或是两难选择之间，只有依靠跳出惯常思维来给自己寻找出路。因此，当我们坚定了这种看法，就会下决心去尝试，去改变自己。

不走寻常路线的求职，出奇制胜

在就业压力越来越大的今天，求职者仅通过按部就班、平淡无奇的面试表现去争取职位，无疑是限制了自己成功的机会。想要获得优势，就要出奇制胜，不走寻常路线，不用惯常的思维去思考和表现。这样做，往往能让主考官眼前一亮，并被你的智慧所吸引。

唯物辩证法认为不同事物之间既有它们的相似性，又有差异性，世界是一个矛盾的统一体。而思维定势侧重于体现事物间的相似性和固定性。在解决问题过程中，它以不变应万变，无差别地应对一切局势和状况。所以，当我们面对的问题和我们所经历过的事情相似时，适于用应用习惯思维的模式来解决。反之，如果面对的问题没有经验作为参照，是差异性在起主导作用时，如果仍然基于老问题的思维定势就是阻碍问题的解决。

转换问题视角，给予多面回复

“学而不思则罔，思而不学则殆。”这是孔子所提倡的学习方法，只读书而不思考，就会因为不理解文字的含义而陷入迷茫。同时，它还从侧面体现了另外一个内涵，就是知识是死的，思维是活的，学到死的知识远远不够，需要活的思维去进一步发展它，开拓它。

发散思维即一种放射性、辐射性和异化性思考方式，是大脑在积极进行联想时所呈现出的扩散性模式。它帮助人在解决问题的时候，跳出僵化的、一成不变的思维套路，或称思维定势，积极地开拓视野，对待问题一题多解、一问多答，是一种开发创造力的活动。

一问多答，灵活开动发散思维

发散思维就是要对一个问题产生多种可能性的答案。任何一件事情本身都是有限的，而思维是无限的，思维可以给唯一的问题带来不唯一的答案，这就是大脑创造力之强大力量所在，它带来无限可能。

在一起关于创造性的研讨会上，村上先生拿出一把别针，让大家广开思路，细想它们的用途。大家讨论了半天，说出了20多种，然后问村上：“你能说出几种？”他没说话，只伸出三个指头。“30种？”他摇摇头。“300种？”他仍摇头，然后说：“是3000种。”大家听了惊讶万分。

从上例可以看到，思维的潜力真是无穷无尽的，就看你愿不愿意去主动开发它，积极运用它。在创新的路上，偷懒是行不通的，就像这个小小的别针，有的人只能说出几种用途，有的人却能说出几千种，差距之大令人咋舌。

发散思维强调要关注事物的新奇、相异的特性，并顺着这种思路延伸思维。因此，创造性是思维发散力的核心，是衡量某个人思维活力的基本标准。俞仲林巧妙地开发思维的创造力，让坏事变成了好事，不得不让人佩服其思维的灵活。

一物多讲，给人留下深刻印象

各行各业的人都需要进行发散思维，只不过需要的程度不同。在它的帮助下，往往能让一件看似平淡无奇的事情重新焕发新的光彩。比如，在教学上，林语堂就有他独特的一面。

一题多解，拓展思路看待问题

在工作环境中，发散思维有更为广阔的用武之地。职场上出现的问题更为复杂和多样化，这反而留给思维运用更多的潜力。

小贺在一家公司做董事长助理，因为外语比较好，也负责接待外宾的工作。一次，公司邀请一批国外客户来中国参观和游玩。董事长比较重视这次活动，交待小贺要认真准备，先做一份日程安排表。日程很快做好了，小贺及时把它呈递了上去。董事长看了以后，马上叫小贺过来，问道："我怎么看不懂你做的这个表格啊，好像除了第一天，从第二天开始日程就分成了三部分，难道你要把客人分成三批吗？"小贺笑着说："这次来咱们公司参观访问的确实来自三个不同的公司，但我并不是要按照三批人次来对待。我是考虑这些客人来自不同的地域，不同的文化背景，可能会有不同的口味和喜好，就设计了三个不同特色的日程。你看，从第二天开始，第一个日程走的是民族特色景点和路线，适合喜欢中国文化的外宾，吃的也是带有地方特色的菜肴。第二个日程就偏重于西式一点，对于不太适应中国文化的外宾来说更为适合，而第三个就折中一点了。之所以从第二天开始分异，就是想拿出一天时间来观察一下，看他们的真正喜好是什么，再做出决定。”老总听了连连竖起大拇指，夸小贺办事踏实谨慎，滴水不漏。

小贺在处理可能出现多种临时状况的事件时，灵活采取了一题多解的发散性思路，提出了多个应对问题的方案，体现了主动发挥思维空间，全面看待问题的积极态度。事实上在工作环境中，每个人都应以小贺对待问题的态度来思考问题。比如，在你自认为已经尽力做了某事，而没能做好，不妨告诉老板：“我再试试。”这种态度本身就可以得到领导的认可，更何况，只要你发散思维力了，什么事最终都可以解决。

避实就虚，不再心虚

“善用兵者，避其锐气，击其惰归。”摘自《孙子兵法》，大意是：善于作战的将领，要懂得避开敌人兵锋，等敌人士气低落、体力疲惫时再进行攻击。也就是避实就虚的原则，在敌人力量优于我方时，要适当做出忍让，以保存实力，然后瞅准时机实施反击。

避实就虚本意是指避开敌人的正面进攻，伺机找到其弱点进行打击。在人际交往领域，该词也等同于“避重就轻”，就是避开对方的犀利问题或难以直接回答的问题，或者说谈某个问题时回避要害。这样，可以让交谈不会进入死胡同，可以让回话更有效果，取得沟通交流的成效。

避实就虚，有效地拒绝对方

每个人都经历过被不是非常亲近的人借钱或借某些重要物品亦或是帮某些不太好帮的忙的尴尬时刻，同意了自己难受，不同意又感觉让双方都很没面子。这时候，就要发挥回话的艺术，用避实就虚的手段，先避开对方的话头，再将话题转移到别的方面，让生硬的拒绝摇身一变成为无声无息的软着陆，给双方都能留下点退路。

赵姨娘在《红楼梦》里算是一个比较受压迫的人物，是封建社会森严等级制度的牺牲品。她虽然在富贵显赫的贾府里做姨太太，但因为不是正室，私房钱也不宽裕。去为其兄弟送殡时，连多余的衣服都没得穿，于是便向黛玉的丫鬟雪雁借衣服。

雪雁是聪明伶俐的丫头，是这样拒绝的："我的衣服都是林姑娘叫紫娟姐姐收着的，去取不是不可以，但是要请示紫娟姐姐，还要告诉林姑娘。我自己倒不怕麻烦，但是一来林姑娘卧病在床不敢以这些小事打扰，二来更担心来来回回反而耽误了您的事情！"

懂得如何拒绝是件挺重要的能力，但大多数人都不懂得如何拒绝。而雪雁避实就虚的回话就是个非常好的借鉴，她传达给赵姨娘的信息是：不是不想帮你，而是确实复杂、难度大，我不嫌麻烦，但怕影响千金小姐养病，怕耽误您的事儿。

小刘代表公司和另一家供应商谈判购买材料的问题。这家供应商的业务代表见小刘对之前的质量问题寸步不让，便压低声音对小刘说："我们厂的材料质量从来都没有问题的，只是检验的时候稍微出了点纰漏，都是小问题，好解决。刘经理我知道您平时很辛苦，我们老板也特地给您准备了点小意思，回头把您账号给我就行……"小刘是个堂堂正正的人，根本不把对方的金钱利诱放在眼里，可是，他也是一个讲究待人接物礼节的人，不想太生硬地拒绝对方，便回道："您要账号是吧，我回头通知会计，让她跟您联系。而且也会把有质量问题的产品核算出来，告诉您需要退款的数目。"对方听了，明白小刘没法收买，也就打消了浑水摸鱼的心思，正经地谈起业务来。

拒绝别人并不是罪过，尤其是面对不十分亲密的人的时候，你们互不相欠，何必强人所难。拒绝也不限形式，甚至在没办法的时候也不妨有善意的谎言，这都是不得已而为之的事情。

避难就易，科学的取得成功

每个人从小到大的成长环境不同，养成了自己的长处和短处，优势和劣势，这就决定了每个人都有独特的适合自己的路以及取得成功的路。杨振宁刚开始在美国学物理时，被取笑"有爆炸声的地方就有杨振宁"，他不气馁，转向了理论研究，最终获得了成功。避难就易就是合理规避难度大的事情，去做相对简单的事，来取得自己能够取得的成就。

田忌赛马就是一个大家耳熟能详的关于避难就易的故事。齐国的田忌喜欢赛马，和齐威王比赛时，因为对方的上、中、下三等马都比田忌强，田忌比了几次都失败了。这时，田忌的朋友孙膑见他垂头丧气地一个人待着，便上前帮他出主意："你再和他比一次，这次保证你能赢。你用下等马对他的上等马，用中等马对他的下等马，用上等马对他的中等马。三局两胜，你岂不是胜算在握了。”田忌听了豁然开朗，便依计而行，这次，他果然赢了齐威王。

田忌的战术事实上就是对避难就易的一种应用，用相对强的一面去应对对手相对弱的一面，才更有成功的把握。在回话的时候也是一样的，为了更有效地回答对方的问题，要把话题引导至我们更有把握的，更有优势的领域上来，才能取得有利于我们的效果。

避重就轻，巧妙地回避问题

中国有句俗语叫“直则枉，曲则全”。以柔克刚，四两拨千斤的手段往往更有效。直爽不是缺点，但过于耿直就容易让双方都受伤，杀敌一万，自损三千，这是一种“双输”的下等策略。

美国女影星卡罗尔早年曾在夜总会唱歌，她当时的经历也常常被一些小道媒体拿来渲染，赚取利益。在一次综艺演出活动中，作为表演节目的一部分，主持人请卡罗尔小姐即兴回答一些粉丝的问题。一位男嘉宾问道：“我们知道夜总会里有形形色色的人出入，有没有什么人对你做过什么，让你十分窘迫的，还记得吗？”

“是的，记得。”卡罗尔笑着回答道，“请问下一个问题呢？”

在面对不怀好意的人提出别有居心的问题的时候，直接回答问题就等于进入了对方的陷阱，走上了对方的节奏。聪颖的卡罗尔了解对方的用意，用极为简单的回答避开了问题本身真正的意图，让对方哭笑不得。真正识趣的人，接到避重就轻的招数后，就会知难而退了。

打破惯性，放飞个性

英国桂冠诗人华兹华斯推崇灵感思维的活跃性，他的诗也总是充满了想象力。他曾说："不是他们自己，而是他们的习惯支配着那些不善于思考的人们。"被习惯支配，似乎是墨守成规的人们的通病，他们被僵化的思维桎梏于限定性的空间里，放弃了无限的蓝天。

习惯是人们在长期的具有相似性和稳定性的日常生活中逐渐形成的一种思维模式、处世态度。习惯有着很强的惯性力，就像一辆启动并加速了的动力机车一样，很难让它减速或转向。相对于身体的习惯，看不见摸不着的思维的习惯更难以控制，因为它是关于人生、社会的总的看法和意识，常常是根深蒂固的。

打破惯性，放开你思维的缰绳

每个人都存在惯性思维趋势，喜欢用习惯的方式思考问题，用习惯的行为方式行事。长此以往，就形成了思维定势。表现为生活中的方方面面，比如，有的人睡觉喜欢开着灯，有的人喜欢先迈左脚走路，等等。这些生活习惯本没什么问题，只要它没有限制你的想象力，没有影响你的创造力。

音乐家鲁宾斯坦和画家毕加索是一对好友。在最初认识的时候，鲁宾斯坦发现一个怪现象，就是毕加索在几个月的时间里不断地重复画同样的内容，无论是构图还是对象，都一模一样。便不解地问："每天都画完全相同的画，难道不会厌倦吗？"

毕加索答道："不会，因为每一分钟都是不同的我，不同的我会看到新的光线。每天虽然画同一个静物，但我从中看到不同的个性，不同的世界里的不同的生命！在我的眼睛里，这一切都是不同的。"从此，鲁宾斯坦也开始尝试对一首乐曲的多重表达。

每天做同样的事，也不能限制毕加索的想象力和创造力，他的思维的活跃程度令人佩服，也给人以启迪。从生活的相似中看到不同，从事物的表象看内里，从一成不变的静态里看到五彩缤纷的动态。

英国雕塑家安尼什有一次接受记者采访。记者请教他关于成功的秘诀。

安尼什说："其实没有什么秘诀，我个人的体会是，想成为一名雕塑家，只要做到两点：第一要把鼻子雕大一点，第二要把眼睛雕小一点。"

记者问道："为什么这样做？如果雕的鼻子大眼睛小，那岂不是太难看了吗？"

安尼什解释道："那就留出修改余地了啊。你看，如果鼻子大了，还可以往小里修改；如果眼睛小了，还可以向外扩大。如果反过来，那就真没办法了。"

安尼什没有按照惯常的思路去指导他的工作过程，他放开了自己思维的缰绳，给自己找到了既简单又有效的成功捷径。因此可以看出，摆脱习惯不是难事，而是看我们有没有心，有没有主动改变自己的意识。

跳出习惯，展现你独特的个性

对话双方在交流信息的过程中既有一般的正常互动情景，也有特殊的非正常局面。一般来说，需要发挥思维创造力的场合正是在出现非正常局面的时候。应对这种情况，用一般的思维模式和语言就显得无力和苍白，如果能发挥思维的创造力，从另一个角度出发，使用独特的回话方式，表明立场、彰显个性，则可以取得意想不到的效果。

威尔逊是美国历届总统里学历比较高的一位，曾在1920年获得诺贝尔和平奖。

在他担任新泽西州的州长时，恰逢该州的财政部长去世，他们是好朋友，这让威尔逊非常悲痛。正当他准备去参加这位朋友的葬礼时，电话铃响了，是一位政界同僚打来的："州长，请让我接替财政部长的位子。"

威尔逊对这种不合时宜、对死者不敬的功利态度非常气愤，但他还是压着火说："好吧，我会通知殡仪馆，你赶快做好准备。"

威尔逊总统在生气之余，并没有失去理智。他知道，对付没有礼貌的人，绝不能简单地用粗鲁的言辞打发掉。要让对方明白自己的问题，就要跳出习惯的思维模式，用讽刺性的暗示让对方从反思中清楚自己行为的不妥之处。

匈牙利钢琴家李斯特有一次应邀到皇宫给沙皇及官员演奏宫廷。可是观众们都没什么音乐修养，演奏刚开始，他们就开始交头接耳地说起话来。钢琴家非常恼怒，又不好发作，他想了想，突然中止了演奏。

他静静地合上琴盖，然后假装恭敬地对一脸茫然的沙皇说：“皇上说话的时候，我理应保持静穆。”

在一些情景当中，迫于一些外在的因素，比如政治、权力等因素的存在。人们往往很难无约束地表达自己的情绪和不满。这时，换一种思路，用一种既能表明自身立场，又不会把事情搞得太僵的方式，去表达自己的思想感情，不仅能表达出自己的不满，展示你独特的个性，还能启示对方反思自己的言语和行为。

摆脱习惯束缚，呼吸新鲜空气

在习惯的束缚下匍匐的人总是会感受到一种莫名的压抑，这和人需要呼吸新鲜空气一样，思维也需要把心灵的窗口打开，去看外面的世界，去换一种环境呼吸。

一个青年学生问苏格拉底：“我想获得知识，有什么捷径吗？”

苏格拉底让青年跳入海中，海水淹至青年的头顶，他奋力挣扎着将头探出水面。苏格拉底问：“你在水里最大的愿望是什么？”

“呼吸新鲜空气！”

“思考就要有这种精神。”

这个例子虽然是针对学习，但也很适合移植到关于解放思维的视角上来。苏格拉底鲜明地指出了对思维的放飞就要像渴求新鲜空气那样，像追逐生命那样去努力。

RESPONDING SKILLS

第七章

“特殊”问题，特殊招待

这个世界越来越朝着多维化和发散化方向发展，人们在把握事物的普遍性的基础上，莫不在积极主动地开发自身个性，定制特殊需求。同样，在“问题”本身这个范畴上，也不是千篇一律、可以让我们以不变应万变的。相反，各种问题都具有它各自的特殊性，有的是因为我们自身的原因导致了问题的特殊，有的是源于提问方的身份或目的的特殊。无论怎样，都需要我们有针对性地做出回话方式的选择，才能各个击破。

面对擅长问题，切勿卖弄聪明

“好炫耀的人是明哲之士所轻视的，愚蠢之人所艳美的，谄佞之徒所奉承的，同时他们也是自己所夸耀的言语的奴隶。”培根道出了对耍小聪明之人的不齿。其实也暗示着一种普遍观念，即为人处世宜低调谨慎，卖弄聪明往往容易惹人生厌，带不来好的结果。

人们都有一定的表现欲，即向别人展示自己，得到认可，从而证明存在感的一种内心需求。这一般体现在对个人能力的自信上，尤其是在自认为擅长的领域，会产生一种舍我其谁、非我莫属的独占欲望。不管是不是真正擅长，历史上在绝对有把握的事情上阴沟翻船的事例比比皆是，低调谨慎是正路。

卖弄所长，得到的只会是厌弃

人的本性有现实的一面，也有精神的一面。根据马斯洛对人的需求层次的划分，在满足了基本的生活温饱需求以后，便会积极寻求更高层次的满足。而被尊重和自我实现，都属于较高层次的需求。有需求很正常，但是要注意方式和程度，如果把要求尊重演化为虚荣，把自我实现膨胀到夸耀，就过犹不及了。

中国古时候一位高僧云游到一处大户人家，碰巧这家的主人信佛，便安排斋饭，请高僧进门歇息。主人也将一个自己一直想不明白的问题向高僧请教，他说：“我有两个妻子，一个长得很美，一个很丑。而我却爱那个丑的，讨厌那个美的，请问这是什么原因？”

高僧沉吟了一下，答道："如果没有算错，一定是那个美的太爱炫耀她的美，让她变得令人生厌；而丑的意识到自己形象的缺陷，便更注意言行举止的修养，让自己变得很可爱。"

可见，卖弄和夸耀不是那么招人喜欢的东西。即使你本来很美，或者确实在某一方面很有建树，很有发言权，但也不是非要把它们说出来证明自己。刻意的卖弄，能够获得的只会是别人的厌弃。

喧宾夺主，最后只会引火烧身

虽然说在职场中，公司讲求经济效益，人的能力是衡量其价值的标准，但这并不是唯一标准。你的人品，情商都可能侧面地对公司运营起到影响，尤其是管理岗位的人员。员工能不能踏实地耕耘在自己的本职工作上，是领导比较重视的因素。在获得展示机会的时候，尤其是擅长的领域，如果可以拒绝诱惑，安分守己地听别人说，就能给别人留下好的印象。

小张和他的领导都是古典音乐爱好者，平时在工作之余，也会经常一起探讨一些对古典音乐欣赏的心得。一次，公司搞团建，在一家西式餐厅里聚餐。席间，响起了一段动听的音乐，这时，小李不失时机地向领导请教这首乐曲的背景。领导来了兴致，刚要说话，小张早已按耐不住，把问题抢了过来，还说得头头是道。但是，领导的脸色已经有些不对。后来，小张发现领导对自己不像以前那么亲切了，还一直弄不明白原因。

在各种资源都比较稀缺的今天，表现机会本身就属于珍惜资源，你使用了，别人就无法使用。那么，与其自己抢着使用，让人在心里对你产生排斥；不如把这个机会留给领导，自己做好一个听众即可。

相似的一个事例，可以从我们小学课本上学习过的一段《红楼梦》选段里找到。贾雨村上任之后，他的门子经常帮他出谋划策，解决了很多实际问题。本来为主分忧，应该是得到主人的喜爱和奖赏的，但是，门子的问题就在于，聪明得过头了。门子在其话语的字里行间中已经不仅仅是尽谋士之职，而且有些炫耀小聪明了，况且他知道了很多内幕。最终，“到底寻了个不是，远远的充发了！”

无论你有多擅长某一个领域，那终究只是你的一个技能或特长而已，远远没有你想象得那么引人关注。在被问及相关问题时，要首先压制一下兴奋的表达欲望，把对方想知道的说清楚就可以了。至于更多的事，也许找个朋友慢慢去聊比较好。

卖弄聪明，一世英名毁于一旦

人往往容易在脑海里夸大自己所擅长的某一领域，认为自己在这方面投入了很多努力，小有成就以后，就更不知天高地厚。在急于向他人展示自己的欲望推动下，稍有机会，便会迫不及待地抢过来，也不管是不是真的力所能及。这样做的话，很容易原形毕露，甚至引火烧身。

三国时期的魏国大臣王朗自诩足智多谋，在诸葛亮帅大军讨伐魏国时，他主动请缨出战，吹嘘要在阵前劝降诸葛亮。王朗确实有些文化，家里世代为官，自己也读过很多书。可是问题就出在他虽有才艺但却不精。在和诸葛亮面对面辩论的时候，他首先说了一些诸如识时务者为俊杰、天命不可违之类的劝降套路，自以为很高深。诸葛亮是何许人，直接把王朗的家底搬了出来，说王朗家族世食汉禄，却叛国投敌，死后没脸去见祖先。直接把矛头戳到了心上，王朗恼羞成怒，气血攻心，直接在阵前吐血而亡了。

这个令人唏嘘的讽刺故事鲜明地向我们再现了因卖弄聪明而引火烧身的事例。同时也提醒着我们要客观地认识自己，即使自己在某一方面有着超出常人的能力，那也不必作为夸耀、卖弄的资本。须知强中自有强中手，永远都没有常胜将军。在别人向你提出一般性问题的时候，只要客观、耐心地给予适度的回答即可，因为，对方关注的其实只是答案本身，而不是你懂得多少。

处理尴尬问题，照顾对方感受

尽管，死要面子活受罪这个道理人人皆知，但是，人都是有血有肉的动物，人非圣贤，总是很难免俗。自己要面子，免不了要受点累，这也罢了；如果不给别人留面子，伤了别人最看重的东西，那很容易在他心里埋下怨恨的种子，留下反击的隐患。

婉转表达，给对方留一个台阶

谁都希望在其他人跟前表现出美好的一面，或者遇到问题时至少能够保全脸面。在可能产生尴尬的场面下，比如交谈双方有一些分歧和争议，又没有很好的解决办法，这时与其生硬地驳斥对方，不如婉转地表达自己的回答，给对方留一个台阶下。

一位顾客来到鞋类专柜，想把前天在这里为丈夫买的鞋退掉，但是，他丈夫已经穿了一天，鞋底有一些磨痕，她打算隐瞒过去。可是，售货员也是很有经验，在她的岗位上这种事屡见不鲜，便不动声色地笑着对顾客说：“您也是买给丈夫穿的吧，我上次也买了一双，可是，买回去他试了不合适，想第二天去退掉。结果儿子回家不知情，以为是买给他的，就直接穿出去了。我猜咱们情况一样，你看，鞋底也有明显磨痕。”

顾客听了，也无话可说，便打消了退货的念头。售货员用婉转的语言，给了顾客一个台阶下，顺利地解决了问题。

聪明人都会机智地给别人留一些面子，对于不便言说的尴尬事，也不会太直率地着急去表述。否则，很可能会伤及对方的自尊，让事情本身更难以得到解决。委婉地暗示你的观点或现实可能性，就像上例中的售货员，既表达了无法退货的现实，又给顾客保全了颜面，维护了一个潜在的回头客，两全其美。

《红楼梦》里，林黛玉谢绝邀请的语言就很得体。黛玉答道：“舅母爱惜赐饭，原不应辞，只是还要过去拜见二舅舅，恐领了赐去不恭，异日再领，未为不可。望舅母容量。”黛玉的委婉表现在几个词上：“爱惜赐饭”表现了对邢夫人的尊敬，满足了她的虚荣心；“原不应辞”说明是自己的过错，间接给了对方面子，避免了尴尬；“拜见二舅舅，恐领了赐去不恭”表明自己不是故意拿大，而是确实有事；“异日再领，未为不可”说明自己领情，让对方知道自己是知礼的。

大观园里人际关系复杂，一言一行都要低调小心，稍不留神就会留下话柄；在当今现实社会里，有和其相似的环境，但也大可不必如此谨小慎微。人们看重的主要还是具体结果，我们在待人接物时，除了注意给对方留面子以外，只要做到不卑不亢、无愧于心就好了。

迂回表述，用暗示的方式拒绝

迂回地表达自己对某件事的看法和回复对某个问题的答案，是为了解决正面商量无法解决的情况。在一些社会关系中，有很多默认的规则是很难开诚布公地打破的，有时候，用暗示的，或是实证的方式，则更能起到实际效果，达成自己的目的。比如下面例子中，鲁迅就用实际行动，暗示给对方拒绝合作的态度，让对方主动地改正，避免了正面冲突。

在双方发生分歧的时候，可能没有完全的谁对谁错，但必然有一方在道义上更合乎社会标准，另一方便需要承担错误的责任。但是，人有一种自我的保护的本能，有时候明知是自己的错误，也会不好意思承认，会尽量用语言来掩饰和否认。如果你不谙世故、不依不饶、毫不留情地要揭开对方的遮羞布，把对方惹急了，那冲突就在所难免了。

声东击西，让结果从侧面传达

根据场景和对方可能的用意，快速地预测对方想要提出的要求，在发现很难做出正面回答的时候，及时地声东击西，不等对方表明意图，便将自己无法接受该意图的事实侧面表达出来，虽然无法改变结果，至少能让对方少些尴尬，给自己也解了围。

下班的时候，小张突然邀请小李吃晚饭，小李不好拒绝，便接受了邀请，但心里有些疑惑。因为两人虽然同事多年，关系也不错，但平时大家下班就回去忙家里的事，不常出来聚餐。酒过三巡，小张开始吐露最近家中发生很多事，花了很多钱。小李马上明白了对方是想借钱。不等小张说完，小李突然指着饭店墙上的一个广告，说道：“你知道那个金融机构吗，不知道信誉怎么样。我媳妇老吵着要买房子，甚至不惜砸锅卖铁，把家里所有值钱的东西都变现，还要去贷款，真是受不了啊……”一句话就让小张放弃了提出借钱的念头。

忠言逆耳，良药苦口，说话直爽的人可能本身并非恶意。但是，折中式的表达，既在内容上道出本意，又在形式上让人乐意接受，则更能起到良好的沟通效果。其实，你对待别人的态度并不只表现于外在，无论你的语言是华丽还是朴实，行动是殷勤还是淡然，你的真实内心是伪装不了的。尽力保持一颗光明磊落的、善良的心，那样的话，做什么，怎样做，都不需要刻意斟酌了，都会自然而然地呈现出美好的一面。

应对不懂问题，坦然告之对方

古希腊哲学家苏格拉底善于思考，博闻强记，而当别人仰慕他的才学的时候，他总是谦虚地说：“我唯一知道的就是自己的无知。”这也是一种普遍的现象，越是学富五车的人，当深入到一定的知识境界，越是能够发现整个世界的广博，感叹个体的渺小，越是能意识到自身学识的有限。

闻道有先后，术业有专攻。人和人之间不以年龄或资历大小来评判学问或能力的高低。每个人都学有专长，所学某一项特定领域的内容和别人比也有先有后。有不懂的问题是很正常的，没人能够像百科全书一样海纳百川。关键是在于对待不懂问题的态度，坦然接受事实，并谦虚请教，不仅不会让对方小看你，还会让你赢得更多的信任。

坦然面对不懂的问题，不懂就问

在很多场合里，尤其是新到一个陌生的环境中，总是有很多让人感到疑惑的事情，需要弄个明白。这原本没什么错，可是，很多人碍于面子，觉得问别人有失自尊，就装着什么都了解，浑水摸鱼，结果总是会闹笑话。在这个问题上，孔子为我们做出不懂就问的表率，告诉我们真正的关于坦诚的内涵。

作为一名伟大的教育家，孔子深谙不懂就问的道理。有一次，他去国君的庙堂参加祭祀典礼，因为没有参加过这样的活动，便谦虚地一直向周围人询问相关礼节，差不多每一项都不落下，面面俱到。旁边的人听见了，便在背后议论，说他枉为学者，什么礼节都不懂。孔子听了以后，坦然地说："对自己不懂的事情去问个清楚，这不正是知礼数的表现吗？"

孔子在面对别人非议的时候，他的回答恰恰揭示了不懂就问的本质，即这是一种礼数，一种正面的价值标准。在请教别人的时候，既没有暴露你的无知，也不会遭到对方的耻笑，因为这种行为本身是值得肯定的。它能够反映你谦逊踏实的内在，突显高尚的价值情操。

春秋时期，卫国有个大夫叫孔圉，为人谦虚好问，虚怀若谷。在那个时候，有个习惯是当位高权重的或是有影响力的人死后会得到一个谥号。而孔圉在死后就被授予"文"这个谥号，所以被后人称为孔文子。

孔子的一个学生子贡觉得他不配这个称号，因为孔圉自身有很多不足的地方，于是便问询于孔子："老师，孔圉凭什么可被称为'文'呢？"

孔子答道："敏而好学，不耻下问，是以谓之'文'也。"意即他乐于求知，而且谦虚谨慎，不以向不如自己的人请教为耻。所以配得上"文"这个称号。

孔子和孔圉都是谦虚好学、不懂就问的典范。在两千多年前，他们已经有了这样的觉悟，虚心向别人请教，不隐瞒自己的无知，既能够获得知识，又展示了高尚的内涵，何乐而不为也？

勇于展示自身的不足，学无止境

再有学问的人，也不可能面面俱到，万事通的人并不存在。所谓的"学贯中西"，只是对一些一生默默躬耕的学者的美誉，而并不是字面上的把中西方所有的知识和智慧都融会贯通了。历史上很多名人在探求真理的路上跋涉时，随着研究的深入，会发现前方的道路永无止境，需要一代代人不断努力。从这个方面来讲，也证明了无知永远是人类的一个客观属性，只有坦然地面对它，才能激励自己不断前进。

牛顿是历史上一位伟大的科学家。他在天文、物理、数学等诸多学科都有开创性的发现，为人类做出了巨大贡献。恩格斯就曾在他的著作中对牛顿一生的成就大加赞叹。然而，牛顿却对自己的成就淡然处之，临终时，病床旁的朋友对他说："你是这个时代的伟人。"

他连连摇头说："千万别那么讲，我不知道世界上的人怎么看我，但我很清楚自己的身份，我感觉自己像一个在海边捡贝壳的孩子，只是运气好捡到了几只漂亮的而已。”

顿了顿，他接着说：“如果说我比笛卡儿看得远些，那是因为我站在巨人们的肩膀上的缘故。”说完，他永远闭上了眼睛。

牛顿在弥留之际跳出了对自我意识的关注，站在人类社会的高度反视自身，看到了自身的渺小。就像“闻道有先后”体现的观念一样，懂得什么知识并不是夸耀的资本，也不是获得认可的条件。每个人都在学习的路上认识自己的无知，坦然面对，虚心请教，才可能取得进步。

主动承认自己的无知，获得认可

在有些场合，似乎承认不懂会导致不理想的结果，比如，面试工作的时候。确实，在就业压力越来越大的今天，大家为了抓住就业机会，总是想在面试时希望完美地表现自己。可是，从面试官的角度来看，有些问题不懂很正常，因为可以学；但是如果不懂装懂，问题就比较严重了，因为那暴露了你的人品问题。

小张去一家坐落于上海的公司面试外派美国工作人员的职位。其中有一个问题是：“你对美国的市场了解多少？”小张曾经去过美国，但只是短暂待过几天。但小张为了表现他的工作能力，便硬说自己了解很深入。但是面试官顺着话往下问的时候，小张对美国市场的肤浅认识就暴露了出来。其实，公司对每个新入职员工都有一个培训适应的过程，并不是非要求新员工懂得很多。结果，小张搬起石头砸了自己脚，让面试官对其人品产生了怀疑，失去了这次就业机会。

强要面子，不懂装懂，实在是百害而无一利的行为。要克服这一点，归根到底还是调整自身心态，把自己放低，低调做人，自然就能坦然地面对他人了。

针对上司提问，简明体现敬意

“尊重生命、尊重他人、也尊重自己的生命，是生命进程中的伴随物，也是心理健康的一个条件。”哲学家弗洛姆对人的心理、情感与人性等方面都有着专门的研究，他对尊重这个概念本身也有着入木三分的剖析。

尊重他人是一种高尚的美德，也是我们从小就被灌输的一项基本社会道德。人都有被尊重的需求，正因为如此，我们才应该主动尊重别人。这种主动不是谄媚或逢迎，而是表现为一种对他人言行的自然而然的接受和认可态度，让别人感觉你在认真考虑他的言语和意图而产生一种愉快的感受。

尊重上司提出的中肯意见

既然尊重应该是普遍存在的，人人平等，那自然也少不了我们的上司，或者说，更不能缺了对上司的尊重。因为，从现实层面讲，上司给了我们工作的机会、学习锻炼的平台和社交生活的环境；而在另一层面上，他们也可能成为我们精神的引路人，甚至是我们的人生导师。

三国时期曹操的谋士许攸在帮助曹操战胜袁绍以后变得居功自傲、目中无人，逢人便吹嘘自己的功劳，还称呼主公曹操的小名。在一次宴会上，曹操勉励群臣再接再厉、众志成城，实现统一。还没等说完，许攸又管不住嘴了，借着酒劲说道："阿瞒，没有我，你得不到冀州。有我，天下也不是问题。"曹操听了哈哈大笑，但心中早已对他失去了耐心。暗地里安排许褚挑起纠纷，将他除掉了。

像许攸这样的员工虽然有能力，也只是限制在专业技术上，在对人的整体能力，尤其是情商要求很高的现代综合工作环境下就不是那么不可或缺了，甚至不是合格的雇员。那么，即使抛开感情因素，许攸在曹操眼里也因为缺乏最基本的尊重和缺乏社会道德底线而变得可有可无。更何况，他对领导的不尊重，如果听之任之，会传染给其他人，会降低领导的威信和个人魅力，最终甚至引起团队凝聚力的瓦解。

小王在一家财务公司做实习会计，刚开始，她按照在学校学到的知识，一丝不苟地应用到实际工作中。领导发现小王的做账方法有些纸上谈兵、照本宣科，没有和实际情况结合起来综合考虑。小王虽然有些不服气，还是答道："好的，主管，我按您的意见改。"在领导质疑的时候，小王刚开始仍认为自己是对的，但她终究是个性格比较柔顺的人，还是决定按领导的意图重新修改。在将整个账目完成后，突然间仿佛柳暗花明了，整个方案呈现出比之前自己的方案更为清晰严谨的架构。

尊重上司的意见或建议，不一定就要放弃全部想法，唯唯诺诺地全盘接受。但至少要表现出合作的态度，至少要在结果没有出来之前，积极按照领导思路进行思考而后执行，最后再将结果呈报给上司，是非自然明确。

尊重上司做出的合理批评

任何人在快速的工作节奏中都可能有做的不够好的地方，甚至是做错事。出现这些情况当然都是有原因的，而且大部分原因都是我们能够意识到的。比如，最近身体状态不好，精神不集中，或是因为周围的相关队友不给力等，理由有千万条，可结果终究是不变的。这时候，领导如果对你提出不满意的地方，一定要耐心听取，切忌满嘴借口。

小娜是一家金融机构的文员，刚进公司的时候，做事非常勤快，再加上脑子聪明，很快熟悉了业务。每天驾轻就熟的工作流程和越来越宽裕的空闲时间让小娜也产生了一些懈怠心理，工作做完了，上班多余的时间就逛逛淘宝，看看视频。有一次，领导把她叫到办公室，说道：“小娜，感觉你最近工作不是很积极，要保质保量地完成每天的工作任务……”话还没说一半，小娜便抢着说：“工作我早都熟悉了，每件事都好好做的，放心吧！”又过了一星期，小娜突然收到人力部的通知，她已经被辞退了。原来，小娜表面上事事都做到，但也有偷懒的地方，她给客户的例行邮件就没有用心，认为客户都不看邮件，纯粹是形式主义，便每天发同样的数据表糊弄了事。其实，领导也可以收到那些邮件，在发现问题后，提醒了小娜一次，结果她没有当回事，也丢掉了工作。

作为统筹大局工作的领导，他能处在那个位置上肯定是有原因的，至少大部分是靠能力当上领导的。因此，当他对你提出质疑的时候，往往已经掌握了真凭实据，辩解只会降低自己在领导心中的形象。正确的做法是，先耐心接受领导的批评，再积极反思自己的不足之处，不光是领导说出来的东西，有些没说出来的，需要自己依据暗示去锁定，并改正之。

回复上司提问力求简单明确

除了尊重的态度，在回答方式上，对上司的问题要力求回答得简单明确。现今的职场上，每个人都很忙，领导更甚，千万不要以为他有时间听你长篇大论。往往说得越多，说明你工作上问题越多，或者你的能力越有问题。简明扼要的回答，可以给领导一种信心，认为你思路清晰，行事干练，执行力强，可以放心地把更重要的任务交给你。

像学习语言一样，回复领导的提问也有一些固定“句型”。对你指出工作问题的时候：“好的，这个问题我立刻解决！”问及工作推进情况的时候：“我需要 ×× 天来完成它。”对你进行细节指点的时候：“谢谢指点，我会更用心地工作！”问及技术问题时：“我去查清楚，×× 点之前告诉您！”问及对别的员工的看法：“他很出色，×× 方面我要向他学习！”

总而言之，无论对谁，对暂时掌控你工作的领导大人也好，还是看似与你无关紧要的芸芸众生也好，带着尊重的态度去接触别人是一种基本道德原则。尊重别人不是为了得到某种利益或某种回报，而是一种社会契约，一种软性法律。同时，对别人的尊重，也是对自身情操的陶冶。在现代社会，它是个人价值的一种重要体现。

面临不解问题，适时转移话题

“撤退是为了战争胜利，有一种胜利叫撤退！”敦刻尔克大撤退是历史上著名的胜利大撤退，字面意思是矛盾的。实际情况是，当时德国兵锋正盛，而美苏还未加入对抗法西斯的战争里，英法两国无法抵挡德军的攻势，便选择暂时撤退，保存有生力量。事实证明，这一撤退对二战最终的胜利起到了很大助力。

转移话题是一种常用的回话思路，在遇到尴尬的、无法直接回答的、甚或是理亏的问题的时候，硬着头皮直接回答往往正是着了对方的道儿。这时候，需要先冷静下来，认清局势。避开对方的锋芒，不要顺着对方的节奏往前走，否则，就可能被引入误区。正确的方法是直接转移话题，避而不谈重点，把对方的攻势化解于无形。

以退为进，让对方无功而返

转移话题的策略大多应用在对抗性的交流场合里，比如，谈判桌上。谈判双方都是有备而来，手里都握着几张王牌，等待在关键时刻打出而达到一举成功的目的。如果这时候被“将军”的一方不懂得适时规避，还逞强去接话的话，那就等于是进入了对方的陷阱，被别人牵着鼻子走了。那么，转移话题、另起炉灶的关键一点是什么呢？说白了还是思维的巧妙运用。万变不离其宗，考验的是反应力和智慧。

回避话锋，分散对方注意力

对方在提出令人难以回答的问题的时候，往往都是带有明确目的，以非常专注的态度等待着你的回答，有时候过于敷衍了事的回话很难以让对方就此罢休。因此，转移话题也要一定的技术含量，不能像耍无赖一样生硬地回避，而是要选择能够充分转移对方注意力的话题或内容，让对方进入你设定的节奏上来。

比如，一位美国政客在接受采访时，对方问："该怎么应对叙利亚难民？"面对这个敏感的问题，他明白不能过多纠缠，又不好完全回避，便回答道："我觉得对待这个问题，美国算是比较开放了。你知道特朗普就是移民的后代，他的几任妻子也都是。我觉得现在更为现实的问题是美国的家庭衰退，名人文化等……"

这位政客在点到为止地回答了问题后，马不停蹄地把话头引到了更为受关注的其他问题上，让记者也不得不进入他话题的思路上来。话题变换的选择也是不限定的，比如可以扯到对方感兴趣的事，对方身上或他的家庭里的事，都是转换注意力的好法子。实在不行，虚词和过渡语的应用也是可以选择的，比如般肯定式的："嗯嗯……噢，这样……你是这个意思啊……"

转移话题，化解尴尬于无形

在工作环境下，遇到无法正面回答的问题也是经常发生的。考虑到职场需要维护同事之间的和谐气氛，面对尴尬的问题更不能随意接话，造成无法继续做同事的后果。这时候，应该合理地规避话头，化解尴尬于无形，给双方都留下台阶，保全面子。

张彤在一家企业里做会计，她形象美好，气质出众，得到了很多同事，尤其是男同事的青睐。而小王，就是众多爱慕者中的一员，他了解到张彤还没有男朋友，便想向其发起追求。一天午饭后，小王在办公室里，众目睽睽之下，对张彤说：“你敢爱吗？敢爱的话请跟我走！你敢走吗？敢走的话请把手交给我！你敢交心吗？敢的话请把心交给我，我会用生命保护它！”张彤听了一愣，马上回过神来，可她对小王没有那种感觉，而且暂时不想走入恋爱的节奏。但是，看到同事们都在盯着他们，需要给小王留点面子，便说道：“你练习朗诵都入迷了啊，是不是下周要参加比赛呢，你上次说来着，我记不清了。另外，你那份报销明细好像有问题，请你再重新算一下。”

这个例子里，张彤巧妙地转移话题，把原本很难回复的问题轻松化解掉了，也让男同事明白了她的想法，给双方都保全了面子，留了后路。同时，这里也给了我们另一个启发，就是职场中慎谈男女情感，除非能够保证从一而终，否则稍有不慎就会难以收手，无法回头，连同事都做不成了。

冷静对待攻击，巧用借力打力

“不管发生什么事，都要冷静、沉着，”英国作家狄更斯擅长现实主义作品，善用一双洞察世事的眼睛敏锐地透析人世沧桑。在看惯了世间百态之后，也对世界的多元化有了自己的感悟，要冷静地面对一切，沉着应对变化。

保持冷静并不是人的先天本能，在遇到突如其来的事件，或是意想不到的变化，尤其是面对来自别人对自己莫须有罪名的指控的时候，人往往会失去理智，迫不及待地想要反击对方，变得暴躁和恼怒。当然，反击是必须的，但要有适当的方式和策略，而控制情绪保持冷静，是首先要做到的。

保持冷静，面对攻击借力打力

有时候，和激烈的战争相似，人际交流也常常是表面看似风平浪静、水波不兴，暗地里烽火连天、硝烟四起。一些喜欢争强好胜的、或是居心叵测的人，总会在你不经意间向你发出挑战。即使你低调做人，规避论战，也免不了被某些人无故纠缠，被卷入纠纷之中。

一天，阿凡提牵着一头毛驴在乡间小路上走过，路过一个村口的时候，对面一个地主走了过来，假装有礼貌地说："尊贵的客人，来家里吃点饭再走吧？"阿凡提前后看了看，就自己一人，便客气地回答说："谢谢，不用了。"

地主诡异地笑着说："你以为我会请你吃饭，我请的是你的驴。"

受了侮辱，阿凡提很恼火，但马上冷静下来，直接给了毛驴一巴掌，对驴说："刚才我就问你，这附近有没有你亲戚？你说没有，没有亲戚怎么会有人请你吃饭？"

这个例子鲜明地告诉了我们当莫名其妙地受到侮辱的时候，不能被一时的气愤冲昏了头脑，必须及时冷静下来，沉着思考。并且，最有效的制敌之策，就是以其人之道还治其人之身，借力打力，让对方吃到自己种下的苦头的时候，还惊诧于你的巧智，不敢再行挑衅。

在纷繁复杂的日常生活中，无论是在工作上、社会上、还是在家里，都会面对各种各样的情况，在处理它们的时候，即使你把碗端得再平，也难免会因为一些权利纠葛而得罪一部分利益相关人。这些人如果道德水平有限，就可能和你针锋相对，甚至在大庭广众下对你施以人格侮辱。这时候，就需要摆正心态，冷静地去面对，借着他们的话头反戈一击。

德国大文豪歌德性情直爽、不畏权贵，在艺术问题上坚持己见、寸土不让，他发表的一些直抒胸臆的艺术评论文章也毫不留情面，得罪了一批人。一天，他在公园里散步时，一个被他批评过的作家正巧面对面地在一条窄道上相遇了。那位批评家凶巴巴地说：“我从来也不给蠢货让路。”歌德听了冷静地回答：“而我恰恰相反！”说着满面笑容地让在一旁。

伟大的歌德向我们展示了无端受辱时应该怎样去做。如果是一个血气方刚的毛头小伙，也许就寸步不让地站在那里，说不定会争吵起来，甚至大打出手，造成难以收拾的局面。而歌德却以退为进，反戈一击的同时，还表现出了绅士般的姿态，让对方惭愧不堪。

冷静面对职场纠葛，实现软着陆

职场是大部分人安身立命之地，也是各种关系错综复杂交织的地方。正因为它的复杂，就免不了出现很多利益纠葛，就像个大家庭一样，各种恩怨，解不开，说不明。在面对这种情况时，首先要冷静下来，将事实说清楚，即使反击也要注意力度，毕竟还要在一个屋檐下奋斗，保持中庸的精神是最关键的。

小张和小唐同在一家建筑设计公司上班，两人平时有一些业务上的合作，关系还比较融洽。可是，随着业务量的增加，工作量也越来越大，节奏越来越紧张，就不免产生一些急躁的情绪。一次，在公司会议上，老总批评小张没有及时完成某项任务，对小张的工作态度提出了质疑。会议结束后，小张气急败坏地找到小唐，恶狠狠地说："刚才你怎么不替我说几句话？你最清楚我的情况了！还好兄弟呢，是不是乐得看我出丑！下次你有事，我也袖手旁观！"小唐听了有些恼火，但克制住了，冷静了一会，说道："你可不能让我有事，否则可就真没人替你说话了。"这时，刚才批评小张的老总走了过来，对他说："刚才我批评得重了一点，小唐在会后给我说了你最近的情况，确实是太忙了，你要注意身体。"

面对同事发起的情绪攻击，小唐克制住了自己的脾气，冷静地回话，在保证不伤害感情，不撕破脸皮的前提下，让两人关系实现软着陆，化解了一次危机。当然，从例子中也可以看到，真正起到化解矛盾作用的还是内心的诚意，是小唐的行为让两人重归于好。心智不需要多机巧，话语不需要很华丽，心诚则灵。

RESPONDING SKILLS

第八章

看人说话，传为佳话

复杂的社会是由各具特色的人群组成的，多样性的人们构成纷繁多姿的人类社会，让我们的生活丰富多彩。同样，这种多样性也给我们在回话时提出了更多挑战，那就是要针对不同人群的身份、背景、性格和观念等的区别，在回话方式与策略上做出相应调整，以适应对方的相应特殊要求。

自然面对生人，大方回应交流

“君子坦荡荡，小人长戚戚，”“四海之内皆兄弟也。”《论语》是记录孔子及其弟子言行的语录集，其中体现了很多儒家学派思想的精髓。在道德观念上，上述的两句话表达了对世界大同、人人平等、和谐共处的向往和呼唤。

自然大方是人们待人接物时表现出来的原生态的、不做作的言行举止。因为不带有矫揉掩饰的成分，其交流效果就和现代社会普遍戴上面具的虚伪大相径庭，会让人产生回归本真、如沐春风的感觉。

自然大方交流，拉近心理距离

在与陌生人尝试交流的时候，不确定性是我们主要担心的东西。因此，很多人在和陌生人接触时容易摆出防御的姿态，这样容易让刚开始的沟通变得很不自然。只有敞开心扉，放平心态，才能自然而然地和对方接近，建起沟通的桥梁。

小张是一家医院的护士，平时善于和新来的病人沟通，得到良好的口碑。一天，病房来了一位新病人，根据病人的资料，小张了解到对方是从事园艺工作的。于是，为了能够让这位病人放松心情，便趁着输液的时候和他交谈起来。

小张问：“刘先生，听说您是专业做园艺工作的。我家正好住一楼，一直想在院子里种点什么，但是不懂这方面的知识，不知道该种什么，怎么种。”一听到种东西，刘先生立马来了精神，讲园艺知识结合小院种植侃侃而谈。

听了如此细致的指导，小张开心地说：“您真是个行家！也很厉害，能精通一门专业不容易啊。遇到您真是缘分，有什么不懂的我得尽快问您，过几天您出院就没有机会了。”

小张的工作性质会遇到很多陌生人，就要求积极主动地和对方尽快建立沟通，使工作过程更为顺利和流畅。小张在刘先生认识时，没有设防的心态，而是真诚大方地向对方请教，拉近双方的心理距离。还顺便表达出了祝愿对方很快出院的良好愿望，让病人感觉到了亲人般的温暖。

主动关心别人，传达真挚情感

中华文明千百年来的古训是做人要谦虚谨慎，并把它作为评价美德的标准。这也潜移默化地影响着我们一代代人，让人和人在相处的时候总会被动多一些，主动少一些。很多人都习惯于独守自己的一份空间，或是办公室，或是自己的家，而很少走出去和陌生人交往。谨慎本没有错，但它并代表要闭关自守，要知道，人生是有限的，在有限的人生里要尽力去实现它的价值，要丰富它的过程。当然，这里也不是要大家为了交往而交往，或者说和孟尝君一样为了自身目的结交鸡鸣狗盗之徒。而是，把敞开心扉、真诚自然地对待他人的行为，当成陶冶心灵、升华灵魂的一个过程，这个过程又反过来为我们的人生增添有价值的体验。

小虎是一家商贸公司的业务代表，平时他为人热情爽快，开朗大方，善于结交各路友人，销售业绩也因此做得风生水起。一次，小虎乘坐火车去外地出差。因为不是旅游旺季，车上人不是很多。这是，坐在小虎对方的一位女士在接了一个电话以后便愁眉不展，长吁短叹起来。因为是陌生人，一般人都事不关己高高挂起，有时候热情也可能被误解。当时小虎的性格盖不住担心，便主动问起发生了什么事。这位女士便告诉小虎，自己的母亲得了重症，现在就是去看望她的，可是火车那么慢，要很久才能到。小虎听了，便安慰她道："亲人得病，确实让人着急。谁都想立即飞到母亲身边去照顾她，心情确实可以理解的。可是，咱们不是必须得跟着这火车走吗。这火车的节奏，也就像我们的心跳一样，承载的都是一片真心啊。不过，你要是觉得难受，不妨给我多讲讲你和母亲的往事，让情感释放一下。"这位女士听了，便和小虎分享起了她和母亲过往的点点滴滴，慢慢地，心情也好一些了。

人和人之间是需要互相支持的，人字的结构就是互相支撑。树立好自己亲切的形象，用亲和力感染对方，拉近双方的距离。如果能把每一个陌生人都当成是自己的亲人，当成是和自己息息相关的人，那你一定可以很自然地就和对方贴近了，至少不会再架起无谓的防线。

善运用开场白，流畅进入对话

诚然，我们拿出赤诚之心和陌生人接触时，难保别人不会在刚开始的时候有所保留，带有提防的心理。这时，要怀着不急不躁的心态，应用一些技巧，比如一些固定套路的开场白，来敲开对方的心理大门。

比如，"你家乡是哪儿的？"这句开场白给了对方说话的空间，可以自然地进入长谈。“你喜欢宠物吗？”大部分人都喜欢宠物，尤其是女士，这会让气氛变得更协调。“你的理想职业是什么？”每个人都有自己的理想，这个话题一般都可以让对方欲罢不能。“你最想去什么地方旅行？”旅行是越来越普遍，越来越受人欢迎的生活方式，尤其对女士来说。“你最喜欢吃什么？”在中国，吃是生活里比较重要的一个部分。“你最喜欢看什么电视？”这也是一个非常大众化的问题，老少皆宜。

总之，在遇到和陌生人交流的场合时，首先要拿出诚意和真心来，以自然大方的态度积极主动地去和对方接触。当然，和陌生人打开话匣子不是那么容易，但也不是想象得那么难。当你参加一些公共活动和宴会时，不要只缩在一边，应该勇敢地去和陌生人建立交流，朋友多了路好走，也有可能给自己找到更多的成功机会。当然也要清晰地认识到，世界是复杂的，在和形形色色的陌生人交往时，难免不会遇到心怀不轨的人，在拿出真心示人的同时，也要多留个心眼，以免让自己步入陷阱。

夫妻对话，不吝“废话”

“幸福的婚姻不仅需要交流思想，也要感情交流，把感情关在自己心里，也就把妻子推到自己的生活之外了。”英美文学经典《傲慢与偏见》的作者简·奥斯丁虽然终身未嫁，却对婚姻与爱情有着自己独到的看法。她以女性独特的视角，将理智与情感划分开来，并强调二者在婚姻生活中同样重要的地位。

婚姻是人类为了寄托情感、哺育后代而组成的一种生活模式。在婚姻中，形式与内容共同存在、相辅相成，既有锅碗瓢盆的现实日常，也有精神层面的情感生活，二者缺一不可。但是在实际经验里，我们常常看到，随着婚姻生活的按部就班的推进，人们常常麻木于机械式的上下班、做饭、带孩子等日常里，而忽视感情交流，导致了婚姻的名存实亡。

重视情感交流，让“废话”变情话

几乎所有谈过恋爱的人都曾经历两人的关系从炽热如火到平淡如水的发展过程，情感慢慢淡化让两人的恋爱关系也变得岌岌可危、可有可无。确实，在思维模式上，男人偏重于理性，而女人则偏重于感性。男人在两性生活中偏重于理智的思辨，而女性偏重于感情的投入。这本没有谁对谁错，但是无论从人的本质是追求精神价值的发展，还是在伦理上男性应多担待女性这个角度来讲，男人都应该积极地反思婚姻的误区，主动做出改变。

小刘跟姐妹哭诉，结婚三年了，越来越感觉不到丈夫的爱，她有心沟通，可是他却总是不耐烦。那天晚上，她又尝试着去沟通：“咱俩好好聊聊吧，长时间不交流会有问题呢。”丈夫拿着手机，头也不回：“你事情好多，有什么快说！”过了一会，她说：“我搬到单位宿舍住吧，分开一段时间。”丈夫依旧拿着手机：“没必要那么刻意吧。”又过了一会，她终于忍无可忍了：“你能不能放下手机，跟我说几句话不好吗？”丈夫不耐烦地说：“说来说去不还是那些废话吗？不玩手机又没别的事。算了，不让玩我睡觉了。”

这也是个普遍的现象，当人与人之间慢慢从认识到熟悉了以后，无论是朋友、同事还是夫妻，两人的距离拉近了，关系变好了，但之间的关注感也慢慢地消失了，会慢慢地开始怠慢对方，就像上例中的那样，男人不再投入地聆听和反馈，认为该说的都说了，再多说都是废话。而女人感觉不到关心与爱护，只能默默地承受痛苦。

小青在生育宝宝期间，丈夫特地向公司请了长假来陪伴小青。小青担心影响丈夫的事业，便说道："还是回去上班吧，你请了那么长时间假，领导肯定会有看法的，我现在已经能自理了，不用担心。"

丈夫听了，抱住小青说："你生孩子那么痛苦，我多照顾你几天又怎么样呢？工作、事业都不能跟你比，工作丢了可以再找，你却是独一无二的，我怎么能舍得。我可不管领导怎么想，别人照顾你，我不放心，还是我亲自来吧。这期间对你很关键，不然会落下病根的。"丈夫的一席话，温暖了小青的内心，让她倍感欣慰。

这些看似有些矫情的"废话"，其实正是感情生活中必不可少的情话。在夫妻的对答过程中，逻辑式的问答只占小部分，主要应以感性的非功利的语言为主，这是由婚姻生活的神圣性，精神性所决定的。

拿出诚意相待，切忌互相诋毁

在婚姻生活中，相对封闭的居住环境取代了个人独立的空间，每天四目相对，神秘感全无。俗话说距离产生美，过于亲密和无间的关系反而让双方容易产生审美疲劳。再加上零距离的日常生活，会将对方的一些缺点无限放大地展露在对方眼皮底下。时间长了，就会让人产生厌烦感，失去耐心，从而出现责备、争执等负面交流行为。

一天，小露加班很晚回来，又赶上突然一场雨，淋了一身，回到家又累又饿。小宋正躺在沙发上玩游戏，连头也没转，说了句："点个外卖吧。"

"我加这么晚班，还淋了雨，你连多说句安慰的话都不愿意吗？"

"加班又不是我的错啊，下雨难道是我安排的？"

"你能安排什么啊，就知道玩游戏，玩物丧志！"

"我玩物丧志，你就积极向上了，浪费那么多钱买衣服也不穿，还天天说我。"

婚姻不是一场游戏，也不是形式化的空壳。它是需要双方拿出诚意去积极地经营的，在出现负面情绪的时候，由着性子互相诋毁对方，只会让婚姻走向失败。如果能多说几句看似酸酸的"废话"，让对方感受到一些温暖，就不会让局势无法收拾。

同甘共苦，风雨同舟，相互支持

婚姻是一个互相扶持的整体，要经营好它，除了在感情上投入去满足双方的情感需求以外，还需要在单个的个体上追求自我实现。这主要表现在事业与理想上，当然也是必不可少的温饱的来源。大部分的夫妻双方没有密切的工作联系，无法在事业上切实地帮助对方。但是，夫妻间的肯定的、鼓励的话语却往往比实际帮助还要有用，它表面看似"废话"，却能给对方在心理上带来极大的安慰和促动，转化为强大的积极性和战斗力。

小旭一直从事IT行业，最近，她想尝试目前比较热门的互联网行业，但又有些担心自己的能力有限，便同丈夫小高商量："虽然我现在工作稳定，可是，我觉得那不是我想做的，我对新的挑战很感兴趣。”小高同情地说：“这几年做IT让你很疲惫了吧，换换新鲜空气也好，我支持！”小旭还是担忧地说：“我互联网没什么经验，年龄又大了，确实不太容易的。”小高说道：“慢慢来嘛，以你的聪明劲儿，没问题的，而且，你又不显得大。”小旭笑着说：“有你的支持我有信心了，只要有你，我就什么都不怕。”

在波涛汹涌的社会大潮里，婚姻是一个躲避风浪的港湾，它为两颗紧密联系的心提供安全的栖息地。但是，它不是一成不变的，不是能够取之不尽的宝库，它需要精心的维护和悉心的打理，需要双方共同的投入。最简单的方式就是，多说“废话”。

应对面试官，展示实力面

“世有伯乐，然后有千里马。千里马常有，而伯乐不常有。”在韩愈的《马说》里，强调了伯乐的重要性。同样的在社会上，人才固然有价值，可是人才是需要有眼力的人来发掘的，否则只有被埋没的命运。

社会发展越来越快，也越来越人性化，但正是这种对人本权利的追求，对更美好生活的渴望，使好的工作岗位变成相对更为稀缺的资源。想找体面的职位，就意味着要同很多人来竞争，而在这个过程中，除了你的自身客观价值外，面试官往往是决定你能否得偿所愿的那个主观因素。

突破定式，用创新打动面试官

随着就业压力的不断加大，用人市场水涨船高，用人单位除了考察学历、专业等客观硬实力的因素以外，更多看重的是人才的创新能力，它也是现代社会最有价值的人才属性。因此，求职者应因势利导，在面试时要充分发挥主观思维的运用，给自己创造更多可能的机会。

小杨刚刚大学毕业，应邀来到一家企业参加面试。同时来应聘该岗位的还有两人。他们被分别问到一个相同的问题："《三国演义》这本书里，你最喜欢的人物。"第一个应聘者回答："我最喜欢诸葛亮，他是三国第一军师，出色的军事家、政治家，帮助刘备建立了蜀国，鞠躬尽瘁死而后已。"面试官听了，笑了笑，让他先出去等候。第二个人回答道："我喜欢关羽，因为在名将如云的三国时期，只有他被后人称为战神。而且为人忠心耿耿、义薄云天。"说完，面试官也让他出去等候。轮到小杨，他镇定地说："我最喜欢魏国的文聘，他以一己之力对抗孙刘联盟，证明他是优秀的领导者，也是我的偶像。"面试官听完，觉得小杨想法独特，有创新精神，便录用了小杨。

诚然，三国时期有数不清的英雄豪杰，文聘并不是最有独特魅力的那个。但是，小杨正是依靠自己突破惯性思维，勇于创新的积极意识打动了面试官。另外，虽然每个公司都需要任劳任怨、本分踏实的员工，但在当今流行模块化团队冲锋陷阵的背景下，能够带领团队攻坚克难的、能独当一面的人才更是老板喜欢的。有着当团队老大的理想的人，说明身上更具有一种进取精神。

处变不惊，灵活的应对面试官

人不是百科全书，你懂得再多，也不可能通达所有问题。在面试的过程中，不管是专业类问题，还是综合类问题，面试官往往不会按你预想的方向去提问，这时候，考验的就是我们灵活应变的能力，在遇到问题卡壳的时候，不要被当时的突发情况吓住，应立刻镇定下来。即使答不上来，也要从容地应对，自信心的展示本身也是一项加分点。

直面薪酬问题，不妨直言不讳

进入社会，最先要解决的是吃饭问题。那么，在找工作时，不管是初入职场的菜鸟还是经验老道的大神，薪酬问题都是一个核心问题，是需要直面的。尽管按中华传统美德的教化来说，谈钱有些伤感情，但此钱非彼钱，谈工作薪酬的钱和谈投机取巧的钱，是两个概念。前者正大光明、理所当然、受之无愧，后者反之。

某面试过程进入了最后的环节，面试官对小冯的各方面情况都比较满意，便例行问了最后一个问题："你的薪资要求是多少呢？"小冯刚才还谈吐稳健，一被问到这个问题，马上纠结了起来，说多了可能被拒绝，说少了自己吃亏。便官方地回答说："我服从公司安排，因为金钱不是我想要的全部，贵公司的整体环境和条件是我最心仪的。"几天后，小冯被通知录用，签合同时，小冯发现薪酬数目远远低于自己的预期，超过了心理底线。于是，这场浪费双方感情的戏，最终还是不欢而散了。

谈钱确实是比较尴尬的事情，因此，面试者往往都刻意回避，说多了也不是，说少了也不好。面对这个问题，笔者认为，充分的前期调研是很有必要的，话说回来，你连对方可能给多少都没底还去应聘，那就可笑了。当确认出席某公司面试时，先在网络或朋友圈等公共渠道积极调查该公司相关岗位的平均薪酬，并和社会相应岗位的薪酬做一对比，最终得到一个可以直接回复面试官的数字，并直接说出该数字，这就是快节奏社会应有的办事方式，相信面试官也会喜欢这种方式的。

同事如亲人，问答心连心

孟子曰："爱人者，人恒爱之；敬人者，人恒敬之。"意指爱别人的人，别人也永远爱他；尊敬别人的人，别人也永远尊敬他。体现了人和人之间沟通交流的时候，是相互作用、相互影响的，对别人的态度怎样，往往决定了别人对你的态度。

同事之间是一种比较微妙的关系，一方面大家为了共同的目标而奋斗，是一个肝胆相照的利益共同体；另一方面，在这个共同体内部，却又不免存在着相互竞争的尴尬。于是，在这个矛盾既对立又统一的集体里，怎样合理地应对同事间的交谈，便成为一种既简单又微妙的学问。

心诚则灵，亲切对待其他同事

能否处理好同事之间的关系，是鉴别一个人的人品的试金石。虽然不能断定好人缘就等于好品质，但可以从反面推出，没有人品的人绝不会有好人缘。所以，说同事间的相处简单，就简单在只要拿出诚意，真心对待对方就可以了，切忌为了一己私利要小聪明。如果每个人都能这样做，职场也就不会如战场，而是成为了我们创造价值的家园。

小赵是公司销售部门的一位员工，平时和同事关系都不错。可是，近来，同在一个部门的销售员小李对他的态度突然急转直下，见他爱理不理，还有意在合作业务上为难他。于是，小赵找了个机会和小李进行沟通。小赵说："最近我发现你对我好像有意见，我觉得有事情最好拿出来开诚布公地说清楚，冷战解决不了问题。"小李说："你自己做的事情你自己不清楚吗，说出来也没意思，有用吗？"小赵耐心地说："我真不知道发生了什么事，也许是误解，说出来如果真是我的错，我会道歉的。"小李听了，便把原委说了出来，原来是小李一个客户说小赵给的报价比较低，事实上小赵并不认识他，客户只是在使用战术。事情水落石出了以后，小李不好意思地表示了歉意，两人又和好如初了。

在快节奏的工作生活中，各类事物，各类人群交互影响，难免让同事之间产生误解和纠纷，在出现这种苗头的时候，一定要静下心来，拿出沟通的诚意去和对方交流。只有双方拿出想要解决问题的态度，才能让同事关系往好的方向发展。

多去发现同事的优点，学会赞美别人，赞美不是一味拍马屁，天花乱坠反而显得虚假。比如，你看到某个女同事字写得漂亮。你可以诚恳地夸奖："你字写得真好看，比较有个性的字体。"她会开心地表示感谢。但是如果这样说："你的字真漂亮，写这样字的人一般都好看，皮肤也好，身材好，人品善良，有教养，十全十美。"她听了不但不会高兴，还可能会觉得你在侮辱她。

可见，拿出诚意，不代表就要无脑地去称赞、巴结别人，也许你怀的是纯粹的好意，但很容易被人理解为刻意的讨好，反而给人不好的印象。诚意最好的表现就是拿出真心对待别人，你不伪装地表达，自然对方也会感觉得到的。

关心体贴，重视建立和谐关系

每个人都需要别人的关心和体贴，职场并不是刀光剑影的战场，它是我们人生的另一个家，每个同事都是家庭的一个成员。因此，我们对待同事，不妨像对家人一样拿出自己的关爱和体贴，让职场环境更为温馨。

某电子电视公司的老总阿瑟是一位以关心员工出名的企业家。他的公司有一名叫比利的技师过于投入工作，只要进入工作节奏，他就放佛忘记了一切事情，本来这对公司是好事。大家清楚地发现，比利的健康情况受到很大威胁，不由得担心起他来。阿瑟便找到比利，对他说："你的作息要改变一下了，如果你再这么没日没夜地工作，公司将把整个生产线关闭。"比利疑惑地问，是不是自己做错了什么。阿瑟回答："因为你是我们中的一员，你的命比产品重要，赚钱就是为了更好地生活，如果你累垮了，即使我们赚再多的钱，又有什么意义呢？"比利听了非常感动，也开始自觉地调整自己的工作时间了。

我们的任何行为都是会带来直接或间接的反馈的，我们拿出爱来对别人，别人也会投桃报李，反之，则是怀恨在心。把爱心奉献给同事，让冷冰冰的职场变为充满爱的家园。不仅可以大大地提升每个人的工作效率，还让生命过程本身变得更为多彩。

微妙敏感，关系距离拿捏到位

人和人之间的关心与尊重，诚意与亲切，虽然都是人的社会价值的呈现，但最终无法掩盖人的个体性这个客观现实的存在。

人还是需要自身的空间，公共场合的人际沟通是要讲究距离的，同事之间更是如此。否则，过于亲密无间的关系反而会产生过多摩擦力。

小马是一个快人快语、古道热肠的人，刚来公司的时候，便和坐在对面的小林结成了亲密伙伴，平时下班一起吃饭，周末一起出去玩。可是，事情不是总是美好的。这个月小林的业绩不够，便想和小马商量帮他补一些，可是，这样会损害小马自己的实际利益。小马家里也不是大款，还指望着小马这点工资养家，于是，小马拒绝了小林的要求。从此，两人形同陌路，从亲密伙伴变成了尴尬的对桌。

总而言之，亲切地对待同事，尊重他们的言行和想法，并适当保持沟通距离，就基本上可以在职场营造一个和谐舒心的空间了。当然，无论具体说什么，具体做什么，最终都是以一颗诚心为基础的。放下自我，摆脱利益纠缠，就等于摆脱了心魔，也就不需要纠结于所谓的沟通策略与手段了，自然而然的人是最有魅力的。

面对客户，体会心理

“在你成交的关头你具有坚定的自信，你就是成功的化身，就像一句古老的格言所讲：成功出自于成功。”摘自某销售学著作。它强调了自信往往是决定成功的重要要素，尤其是在敲定某笔订单或是生意的时候，在关键时刻，你的自信心显露会影响客户的决定。

顾客就是上帝，这句话表达了商家对客户应持有的服务态度，也是一种公认的社会价值。但是，它并没有说客户就是决定一切的主人，在面对客户时，商家有同样的话语权，有权利表达自身的态度和观点。尤其是面对一些来自客户的不合理的要求时，更要坚决维护自身的利益，不宜为了保留回头客而委曲求全。

讲究技巧，善于利用客户心理

在信息化、科技化发展迅猛的今天，各种信息都可以通过各类渠道被轻易地获取到。客户在购买某件商品之前，肯定要货比三家，在和某件产品的销售人员咨询时，也绝不会轻易被说服。因此，跟客户沟通，就要善于体会和把握客户的心理，从他们的心理角度出发，有的放矢地运用谈话技巧，来成功完成销售过程。

在一个笔记本销售展台上，销售员介绍道："这款机器速度很快，售后也有保证，毕竟是名牌。"

顾客说道："我看到新闻上说，这个品牌要削减维修点，而且有一些产品质量问题，甚至服务电话也打不通，这是咋回事？"

销售员说："您确实是行家，对相关信息这么了解，问题提得也很有针对性。"顿了顿，他又说："质量问题是大家关心的焦点，一旦出现问题，一般会提请相关鉴定部门进行技术鉴定，如存在责任问题，全权由我们负责，并且在产品鉴定和维修期间，还会提供临时笔记本供客户使用。"

这位销售员巧妙地顺应客户心理，想客户之所想，没有直接去做让客户出现抵触情绪的辩驳，比如："质量问题都是客户故意找茬。""您放心，我们的售后服务非常好！""我们的产品质量绝对保障！"这样的回答不仅没有说服力，还会让客户产生反感，须知客户都不是傻子，你的态度真不真诚，语言实在不实在，都是可以立即被感知的。

作为销售人员，在向客户解释自己产品的信息时，要掌握节奏。有的销售员觉得应该先把产品信息和盘托出，把其所有竞争优势毫无保留地告知潜在客户。殊不知，这样并不利于产品的销售，因为订单的洽谈是一个博弈的过程，有来有往，如果你不等对方开口，就把所有筹码都交出去了，后期还拿什么谈呢？正确姿态是，分阶段拿出筹码。比如，客户举出其他同类商家的竞品时，可以回答："这个产品可是有两年的免费保修，比同类产品长出一倍的时间。"客户再提出要给予折扣时，可以回答："我们还提供好多赠品呢！"

当然，在同客户打交道时，没有常胜将军。在销售过程中，没有即时达成买卖是很正常的事情。但是，要注意的是，买卖不成仁义在，客户的需求都是在动态的变化之中，况且，人脉也是靠一点一点的积累。在告别未达成交易的客户之前，切忌堆起冷脸，而是要真诚地递上名片，对客户说："如果将来您需要什么，请随时联系，愿意为您服务。"只要客户感觉到了你的诚意，就少不了回心转意的客人了。

面对投诉，需要给出明确理由

客户投诉大都是有原因的，无缘无故找麻烦的人毕竟还是少数。但客户发起投诉时，目的一般不是为了制裁某个客户服务人员，而是想解决自己所购产品的所遇到的切实问题。那么在应对的时候，哪怕无法立时就给出解决方案，也至少给出较为合理的理由，让客户的投诉得到正面的反馈。

一家打印机厂家接到客户电话投诉，说打印机出了问题，打印的颜色不对劲，而且，这种情况已经好几天了，打投诉电话也一直解决不了。之前给出的回答是："因为天气的原因。"这种回答让客户无法接受，一方面在逻辑上好像风马牛不相及，另一方面也不解决实际问题。这次，客服跟技术人详细沟通了以后，给出回答："造成问题的原因是打印机周围湿度过大，相应的解决方案是给房间除湿，购买一台除湿机就可以。"

不解决问题的客服不是好客服，当顾客需要我们的帮助时，要把顾客的心情转移到我们自身上来，切实地感受他们的情绪，这样，就有了为他们解决问题的动力和积极性了。如果是实在无法解决的问题，也要诚恳地告知顾客原因，原因一定要具体，要让人觉得可信。如果只是要抱着糊弄了事的态度，肯定是无法过关的。

随机应变，要让顾客有台阶下

我们和每一个顾客取得了联系，不管有没有达成交易，已经算是建立了伙伴关系了，就站在了同一条船上，客户的需求也往往是我们的需求。同样的，客户遇到尴尬的局面、需要维护面子时，我们也是义不容辞的。绝不能认为和生意本身无关的事情就可以高高挂起了，客户也是人，如果你挺身而出了，他也会投桃报李。

一次小张陪王总吃晚饭，突然间，王总的夫人闯进了包间："你不是说要开会吗，问你吃不吃饭，你说不吃，是不是觉得我上不了台面，不配陪你们吃饭啊？"在这个紧要关头，小张赶紧接话："您误会了，会议一会就开始了，还有二十分钟，是我硬拉王总过来吃饭的。"这话给王总解了围，化解了尴尬。王总也很感激，又额外追加了一部分订单。

总而言之，客户是我们的衣食父母，无论面对什么样的顾客，在运用相应的技巧应对来自客户的问题时，应对本身只是权宜之计，最终，我们要把他们看成是自己人，把他们的事看成是自己的事，拿出诚意来对待和解决之，才是符合商家的最基本原则的。而且，当我们拿出诚意对待别人时，自然会得到相应的回报，无论是物质性的还是精神性的，都是我们人生的财富。

辩论场上，双管齐下

“争论问题不在声音高低，而在道理多少”，这是一条古代谚语，强调有理不在声高，辩论不是在鱼市场吵架，是一种为了论证辩论双方的正确和错误所进行的理性对抗过程。情绪化不会给辩论带来任何助益，摆事实讲道理才是根本。

辩论在字面意思上是指双方互相用各自的理由来说明对某种事物或问题的看法或见解，提出对对方见解的反对，最后达成某种共识的过程。辩论场是一个颇具抽象概念的场合，它不一定是为了某种现实目的而存在，有时候仅仅为了证明自己的观点，甚至只是为了证明自己的逻辑思辨能力。无论何种目的，参加辩论确实是培养逻辑思维与语言能力的好方法。

快速反应，问答齐下驳斥对方

辩论是一种考验双方知识、智慧能力的对抗，在交锋之中比拼反应能力，斗智斗勇。辩论的特征之一是它的交互性，也就是不光回答对方的问题，最好的防御就是攻击，要适时向对方施问，反击对手。当对方自以为高明地向你发难时，如果能借着对方的论点予以反问，往往可以起到意想不到的效果，让对手目瞪口呆。

何妥是隋朝时期有名的神童，一次，邻居取笑他，问他这么聪明，为什么不到京城的国子学去呢，还说如果到了那儿，遇到那么多学识渊博的人，说不定就会碰壁了。何妥不服气，便找个机会去国子学听课。下课的时候，一个叫顾良的老师看见了何妥，非常高兴，问道："你不是那个有名的神童吗，怎么跑这里来了？"何妥恭敬地回道："顾大人，我来听课的，感觉受益匪浅呢。"顾良见他年纪小小就那么持重，暗暗称奇，便想开他的玩笑，便问道："你的姓氏究竟是荷叶的荷，还是河水的河呢？"这时，早有一帮学生围过来看笑话。何妥想了想，便说道："老师您姓顾，那是眷顾的顾呢，还是新故的故啊？"一句话让顾良满脸通红，不得不服输。

辩论对反应力的要求是最为严格的，当对方提出他的问题或看法时，你不能给自己太多时间思考，这不是促膝谈心，不能有很多思考的间隙。想要提高辩论水平，就要多进行这方面的针对性训练，让自己的思维能够跟上快节奏的应变需要。

急中生智，利用反问压倒对方

在辩论的过程中，大部分人都能够恪守价值伦理的原则，仅把视角放在辩论内容本身上，而不会去展开扰乱对方心理的行为，诸如人身攻击、言语侮辱等。但是，也不排除某些人在辩论中处于劣势，或是本身人品素质不高时，狗急跳墙地往对方的某些人身缺陷上扯，进而说出污言秽语。这个时候，就不能还装作是谦谦君子了，而是要奋起反击。

美国前总统林肯在进行总统大选时，民意支持率一直很高，但是，他的面貌丑陋，成了他的一个主要劣势，其他竞选人也常常拿林肯这方面的缺陷来说事，作为攻击他的一个手段。有一次，他在跟他的一个主要竞选竞争对手道格拉斯进行辩论时，道格拉斯感觉自己逐渐处于劣势，便又提到了林肯的长相，说林肯的面貌可憎，而且他还有两副面孔，是个两面派。林肯听了，镇定地说："如果我有两副面孔，我还会甘愿戴现在这一副吗？"这种勇于自嘲的魄力，得到了大家雷鸣般的掌声。

辩论必须是针对同类事物进行的，如果有一方因为某种原因故意地跑题了，或者胡搅蛮缠，那他本身也不会得到评判人，也就是观众的认可，群众的眼睛是雪亮的。但某一方违反规则，想依靠"技巧"来乱中取胜时，一般都不会取得好的效果。如果对方这么做了，那对你来说倒是一个反攻的好机会，不要轻易错过它。

有针对性，巧用心理说服对方

在辩论的时候，将关注点放在内容本身，不代表就要完全忽视对方的心理。或者说，了解对方的想法对取得辩论的成功有着非常关键的作用。当你找准了对方的性格特点、所思所想时，再有针对性地加以引导，就不愁不让对方跌入你的陷阱里去了。

三国之赤壁之战是历史上非常有名的战役，在初期，诸葛亮出使东吴，欲和东吴结盟共拒曹操。见到孙权的时候，诸葛亮发现孙权相貌不凡，知道必须用激将法才能使其就范。孙权问诸葛亮："先生辅佐刘备与曹操作战多次，一定了解曹军的实力。请问曹操有多少兵马？”诸葛亮不顾旁边鲁肃的眼神，直接答道：“大概有一百多万，我说一百多万还是往少的说的，怕吓着孙将军。”孙权又问：“曹操有多少将领？”诸葛亮回答：“猛将谋士，不下于一两千名。”孙权接着问：“我该迎战曹操吗？”诸葛亮答道：“将军请一定想明白了，如果打不过，可就遭殃了，还不如早早投降。”孙权说道：“既然如此，刘备为什么不投降？”诸葛亮答道：“刘备是帝王之后，天下之雄主，怎么会投降曹操呢？”孙权听了，拂袖而去。实际上，已经中了诸葛亮的激将法，心中暗暗决定一战了。

诸葛亮出使东吴是有备而去，去之前已经想好了该怎么说，怎么应对，因为他把东吴的主要人物的性格脾气都进行了详细分析。所以，他在应对孙权和周瑜，以及后来舌战群儒时，都能够泰然自若，胸有成竹，最终也成就了一段赤壁佳话。总而言之，在辩论场上，要头脑高速运转，快速反应，问答齐下，对于不怀好意的攻击，要给予狠狠打击。同时，把握对方心理，找准对方思维的突破口，则可以在辩论过程中立于不败之地。

谈判桌上，攻防兼备

“谈判是实力与智慧的较量，学识与口才的较量，魅力与演技的较量。”从这句前人所总结的关于谈判的金句里，不难看出，谈判考验了双方的综合能力，包括客观的知识和主观的思维能动性，是一种复杂的动态博弈行为。

谈判在狭义上，也就是从字面意思上说，是指的正式场合中的谈判。而从更为广阔的范围来说，就涵盖了除正式谈判场合以外的，包括一切非正式协商、交涉等内容。因此，谈判的形式和内容的广泛性也增加了谈判本身的复杂性和难度。在应对谈判对手的发难时，除了具体的言辞技巧，也要合理加入情感的力量，向对方表明态度、立场等要素。

幽默调节气氛，拉近谈判距离

在谈判场上，谈判双方为了达成各自的利益，各持己见，是一种针锋相对的态势。但是，对于潜在的合作伙伴，要追求共同的利益和双赢的结局，就要求双方在某些方面都各自做出合理的退让，使谈判能够得到理想的结果。这时，谈判气氛的营造就变得很有必要，谈判双方毕竟都是各为其主，都在心理上架起了防御的姿态。为了拉近心理距离，让谈判过程更为顺畅自然，可以适当运用幽默的元素。

强力回应挑衅，坚定谈判立场

为了合作共赢，我们可以和潜在伙伴结成亲密关系；同样，为了打击敌对的挑衅，我们也可以在谈判中拿出强力的姿态，让对方认识到我们的强硬立场，而不敢再肆意妄为，从而起到不战而屈人之兵的效果。

依托实际情况，掌控谈判局势

除了国家层面的高层谈判，在已进入全面经济的现代社会，更多的谈判发生在贸易与商务领域。在进行商务谈判的时候，除了运用各类气氛调节与语言技巧以外，更多的要注重把握谈判的实际情况与背景。商务谈判不是宫斗剧，远远没有想象的那么玄妙，大部分依靠的其实是信息战，谁掌握了更为准确的信息，做到知己知彼，就能在谈判中立于不败之地。

一家中方企业向一家美国公司采购一套自动设备，美方报价210万美元，经过一番讨价还价，价格压到120美元。中方企业已进行了详细的信息采集工作，坚持只出价90万美元，这时，美国人故意摆出不愿继续谈下去的态度，说道："这么大的让步，还不能让贵方满意，看来缺少诚意，算了，我们还是回国了。"周围的人都有些着急，因为这套设备还是比较急用的。而中方负责人笑着说："放心，他们还会回来，同样的东西，去年卖给英国只要了85万美元，国际现价90万美元是正常的。"果不其然，不久美国人又回来了，这次，中方负责人向他们点明了我们对价格信息的了解。美国人又顽抗道："物价上涨得厉害，每年都不一样。"负责人道："去年物价上涨指数是5%，具体该涨多少很容易算吧？"美国人终于心服口服了，最终设备以96万美元成交。

在谈判桌上，比拼的确实是双方全方位的能力，既考验客观的知识水平，也考验主观思维运用，还有相关的场外因素等。在应对的时候，要求我们首先要做好谈判准备，尽量多地搜集情报，在谈判前，积极调解谈判气氛，拉近心理距离，在谈判过程中，要机智灵活地应对各种变化，坚定自己的立场，并让对方感受到自己的姿态，促成谈判的成功。